전주여고 정문 앞 찬혁이네 집은 우리가 약속 없이도 모이는
사랑방이었다. 횡칠한 기와집이었는데 무주, 장수, 임실, 정읍에서
몰려온 촌놈들이 '트로이메라이'나 베토벤의 '9번 교향곡'을
처음 들은 것도 이 집에서였을 것이다.

전주여고 담장 위로 우거진 벚꽃나무 가지들이
꽃잎을 떨어뜨려 그 아랫길을 하얗게 덮어갈 때,
흰 머릿수건 흰 앞치마의 여학생들이 몰려나와 꽃잎을 쓸고
있는 풍경은 우리 남학생들을 얼마나 들뜨게 했던가.
치기만만한대로 우리들은 두껍고 어려운 헌책을 끼고 다니기도 했고…

규태야, 규동아!

딸네 집에 가면 내가 오는 기척을 알아차린 손자 손녀가
뛰어온다. 새로 1학년이 된 손자와 4학년이 된 손녀가 앞다투어
힘껏 달려오는데 꽤 큰 손녀도 제 동생에게 뒤질세라 좇아오니 손자는
앞뒤 안 보고 힘껏 달려와 먼저 뛰어오르는 것이다.
어떻게나 힘껏 뛰어오르는지 뒤로 비틀거리며 넘어질 지경이다.
뒤쫓아 온 손녀는 먼저 와 안겨있는 제 동생의 신발을 벗겨 멀리 던져 버리
는 심술을 부린다. 누가 시킨 것도 아닌데 달려와 뛰어오르면 꼬옥 껴안아
줄 것이란 신뢰는 누가 언제 그들에게 숨겨 놓은 것일까?

                          할아버지와 하모니카

침묵의 심연

봄볕
고이는 뜰

ⓒ2012 흰물결

봄볕 고이는 뜰

펴낸곳 도서출판 흰물결
펴낸이 박수아

초판 1쇄 발행일 2012년 12월 25일
초판 2쇄 발행일 2023년 3월 19일

주   소 06595 서울 서초구 반포대로 150 흰물결아트센터 4층
등   록 1994. 4. 14 제3-544호
대표전화 02-535-7004 팩스 02-596-5675
이메일 edit@worldreader.net
홈페이지 www.worldreader.net

값 12,000원
ISBN 978-89-92961-11-0

침묵의 심연

봄볕
고이는 뜰

글 박일규

흰물결

봄볕 고이는 뜰

황새물 아저씨의 참새구이

징소리 여운

꽃이 피는 날

침묵의 심연

에필로그

좋다! 참 좋~다!

"수아야, 아빠가 시 한 편 썼다. 들어 봐라"

국제전화를 통해 시를 읽어주시는 아버지의 목소리는 살짝 떨리고 있었다. 나이 들어 말 설고 물 설은 미국에 오니 청년 때부터 쓰려고 했던 시가 이른 새벽에 떠올라 바로 자리에 엎드려 그 시를 완성했노라고 했다. 편지로 부쳤으니 원고지에 잘 정리해서 서정주 선생님을 찾아뵈라고 하셨다.

내가 대학생이 되던 해, 남동생 유학시킨다며 사업을 다 정리하고 동생과 단둘이 미국으로 떠난 아버지의 들뜬 목소리에 나도 덩달아 기뻤지만 '내가 그 심부름을 실수 없이 잘 할 수 있을까' 하고 걱정이 되었다.

버스를 타고 사당동 예술인 마을에 사시는 선생님 댁을 찾아갔더니 너그러워 보이는 사모님이 반갑게 맞아 주셨다. 미당은 나에게 가지고 온 아버지의 시를 읽어보라고 하셨다. 나는 목소리를 가다듬고 또박또박 예쁘게 아버지가 보내온 시 '감나무'를 읽기 시작했는데 도중에 미당이 원고지를 달라고 하시는 거였다.

내가 원고지를 건네 드리자 미당은 아버지의 시를 가만가만 읊어나가셨다. 그 순간 난 정말 깜짝 놀랐다. 목소리의 높낮이와 장단이 아버지와 너무도 똑같았기 때문이다. 특히 "오오, 이 내 새끼들아" 하는 대목을 읊으실 때에는 아버지가 전화로 읽으실 때의 바로 그 느낌이어서 전율이 일었다. 두 분이 그 시에 관해 얘기 한 마디 나누지 않았는데 어떻게 이럴 수 있을까 놀랍기만 했다. 내가 이 도령 뜻도 모르고 심부름 다니는 방자 같다는 생각에 나의 뺨으로, 나의 마음으로 부끄러움이 붉게 올라왔다.

　"오오, 거기 그래야 할 나무야" 하는 마지막 구절을 아버지처럼 토해내신 미당은 무릎을 치며 "너희 아버지가 사업가인 줄로만 알았는데 '시인'이었구나! 진짜 시인!" 하며 기뻐하신다. 나도 가슴이 벅차올랐다. 미당은 "세상에는 '시인'이라고 하는 사람들이 참 많지! 그런데 거의가 가짜야! 말 가지고 장난들은 잘 치는데…" 하며 금세 착잡한 표정이 되신다.

잠시 후 "너희 아버지 다른 시는 없느냐?" 하고 물으신다. 〈현대문학〉에 시인으로 추천하려는데 우선 시 세 편이 필요하다고 하신다. 그때 마침 중학생 때부터 수첩에 늘 넣어가지고 다니던 아버지의 시 두 편이 있었다. 아버지가 옛날에 쓴 시라며 들려주실 때마다 교과서에서 배운 시보다 좋다고 느껴져서 아버지께 몇 차례씩 "다시 한 번 읊어 보세요"를 하며 받아 적어둔 것이었다.

　"마침 저에게 시 두 편이 있어요. 아버지가 완성시킨 것인지는 모르겠지만…" 하면서 꺼내어 읽어드렸다. 그러자 미당은 읽는 내내 "좋다! 참 좋~다! 너희 아버지 시가 참 좋구나!" 하시더니 집에 가서 원고지에 잘 정리해 보내달라고 하신다.

　집에 돌아오자마자 아버지께 전화를 했다. 그때는 국제전화 통화료가 비싸서 할 말만 겨우 하고 끊던 시절이었다. 하지만 그 상황을 간단히 전할 수는 없었다. 아버지의 기뻐하는 음성과 표정이 바로 옆인 듯 느껴졌다. 그 비싼 국제전화로 아버지는 미당선생이 어떻게 하시더냐고 묻고 또 물었다. 이번엔 나도 실컷 기뻐할 수 있어 좋았다.

　사업만 하셨던 아버지는 그렇게 시인으로 등단했고 60세 되시던 해에 시집 〈그루터기와 햇순〉을 냈는데 미당은 서문에 박일규는 '뿌리 깊은 대인'이라며 시집출간을 당신의 일인 듯 축하해주셨다.

　이제 아버지도 여든이 되신다. 어린이 신보사 기자로, 경리사원으로, 영업사원으로, 사업가로 그리고 시인이자 한 신앙인으로 온 마음을 다해 걸어오신 아버지의 삶이 담긴 글들을 모아 세상에 내놓는다.

2012. 12. 25.
박수아 도서출판 흰물결 편집장

황새물 아저씨의 참새구이

할아버지와 하모니카

딸네 집에 가면 내가 오는 기척을 알아차린 손자 손녀가 뛰어 온다. 새로 1학년이 된 손자와 4학년이 된 손녀이다. 앞다투어 힘껏 달려오는데 꽤 큰 손녀도 제 동생에게 뒤질세라 쫓아오니 손자는 앞뒤 안 보고 힘껏 달려와 먼저 뛰어오르는 것이다. 어떻게나 힘껏 뛰어오르는지 뒤로 비틀거리며 넘어질 지경이다.

뒤쫓아 온 손녀는 먼저 와 안겨있는 제 동생의 신발을 벗겨 멀리 던져버리는 심술을 부린다. 누가 시킨 것도 아닌데 달려와 뛰어오르면 꼬옥 껴안아 줄 것이란 신뢰는 누가 언제 그들에게 숨겨 놓은 것일까?

하찮은 일로 타드락거리다가 치고 패기도 하는 이것들에게 이런 사랑스러움이 숨어 있다. 이런 일들이 다 나에게는 싫지 않은 것이다.

내가 국민학교도 들어가기 전, 어머니를 따라 밭에 나가면 어른들이 장에 갔다 돌아오는 고갯길이 보였다. 어느 날은 이 고갯길에 장에 갔다 돌아오시는 할아버지가 보였다. 흰 두루마기에 갓을 쓴 할아버지셨다.

밭에 서 있는 나를 알아차린 할아버지께서는 짚고 오시던 대추빛깔의 칠 먹인 지팡이를 버려두고는 호주머니에서 무엇인가 꺼내시어 입으로 가져가시더니 이내 소리 내어 부는 것이었다. 하모니카였다. 햇빛에 눈부시게 번쩍이던 하모니카…

그때 내가 지금의 내 손자 손녀들처럼 할아버지께 쏜살같이 달려갔었는지 그러지 못했는지는 아쉽게도 기억에 없다. 다만 지금 와서 나대로 짐작하기에 할아버지는 하모니카를 나에게 사다 주려고 마음먹기 시작했던 그때부터 벌써 기쁘기 시작했을 것이라는 생각이 든다.

할아버지께는 항상 이런 '하늘스러움' 같은 것이 있었던 것 같다. 할아버지께서 거처하시던 곳은 큰집 사랑채였다. 동네 어른들이 항상 모여 놀던 이 사랑채에서는 또 서당방 아이들의 목청껏 소리높여 읽어대는 "천고일월명天高日月明이요~"가 곡조 있는 노래처럼 싱그러웠다.

사랑채 뒤쪽에는 묵은 감나무를 둘러싸고 왕대밭이 무성해 있었고 앞쪽에는 시뉘대산죽 밭이 울타리처럼 둘러있었다. 어둑어둑해지면서 서당방 아이들이 돌아가고 남아있던 어른들마저 등불을 밝혀 들고 다 돌아가고 나면 할아버지 홀로 쓸쓸히 남게 되는 것이었다.

이런 시각에 할아버지와 나는 가끔 함께 있었다. 밤이 깊어 동녘에 늦달이라도 떠오르는 밤이면 그 달빛이 시뉘대 울타리의 그림자를 늪혀서 할아버지가 목침을 베고 주무시는 방의 하얀 창호지 문지방에 멋진 댓잎 수묵화를 그려놓는 것이었다.

할아버지께서 "이런 것을 보고 '매우 경치가 좋다'고 하는 것이다" 하며 내가 그때 배우던 책에 있었던 말의 뜻을 되새겨 주셨었다.

그 할아버지께서 내가 아홉 살 나던 해에 돌아가신 것이다. 황달을 앓으시다가…

넓은 물대야에 붕어인지 잉어인지를 잡아다 놓고 그것들이 노는 것을 한참씩 들여다보시기도 하고 또 여러 가지 한약을 달여 드시기도 해보았으나 별 효험이 없었던 것 같았다. 큰아버지와 옆에 있던 손자들의 손을 번갈아 힘없이 잡아보다가 숨거두시던 할아버지.

이때 큰아버지께서 빚보증을 잘못 서서 지게 된 '조합 빚' 걱정을 하시는 할아버지께 돈뭉치를 싸들고 와 보여주시며 편히 눈감게 해드렸던 것을 기억하고 있다.

치렁치렁한 누런 삼베 상복을 입고 대나무 '상제의 지팡이'를 짚고 할아버지의 상여 뒤를 따라가며 나는 얼마나 서럽게 울었는지 모른다.

"어린것이 무엇을 안다고… 쯧쯧" 하시며 손수건을 꺼내시어 내 콧물과 눈물을 훔쳐주시던 할머니… 논두렁에 서서 새를 쫓던 집안 할머니의 모습도 어제 일인 듯 기억에 새롭다.

수십 년이 지나도 그 할아버지를 잊을 수 없다. 그 뒤 꽤 오래 사시다 돌아가신 할머니는 잊혀지는데 수십 년이 지나도 할아버지의 존재감은 내 마음 안에서 조금도 흐려지지 않는 것이다.

외국에 나가 살 때에도 아버지 생각보다 할아버지 생각을 더 많이 하며 살았었다. 서정주 선생께서 현대문학에 추천해주셨던 나의 시 '감나무'는 이때 쓴 것이다.

우리 집 뒤안에 있는 묵은 감나무는
저승에 한 번 다녀온 나무다.

할아버지가 세상 버린 뒤에
석양마다 노을을 태우며
앙상하게 가지만 남더니…

함박눈 오던 어느 겨울밤에는
섭섭하게 살다가 가신 이들의
곤한 꿈결에 서 있던 나무.

봄에는 꽃잎
꽃잎 피우며
떨어지는 꽃들로는 써놓았는가.

— "오오, 이 내 새끼들아!"

감나무는
저승을 더러는 다녀오는 나무다.

이것 다 억지일지 모르지만

오오, 거기
그래야 할 나무야!

'창세기'에는 하느님께서 아담과 다정하게 노시는 장면이 있다. 그때 그 동산에 하느님께서 새로 막 지어놓으신 삼라만상을 비추며 떠오르던 그 달은 얼마나 아름다웠을까? 내가 할아버지랑 보았던 대나무숲을 비추며 떠오르던 달보다 훨씬 더 아름다웠을 것이라는 생각을 해보게 된다.

새날을 밝히며 동녘에 떠오르던 그 새 아침의 햇살은 얼마나 맑고 눈부셨을까? 눈부셔 눈 비비며 새로 생겨나면서 새 숲에 불어가던 새내기 바람! 그때 하느님께서 아담에게 주셨던 이 선물들을 할아버지께서 내게 사다 주셨던 하모니카와 비교해볼 수 있을까?

나는 나의 귀여운 손자들에게 나와 같은 할아버지나 나의 할아버지같이 '살다가 돌아가시는 할아버지'가 아닌, 천 년이고 만 년이고 변치 않는 사랑의 하느님, 우리의 참삶을 위해서라면 당신의 아드님도 서슴없이 내어 주시는 하느님의 품에 뛰어가 안기도록 해주고 싶다.

첫 직장 수줍은 시절

해 저문 바닷가에 물새 발자욱
지나가던 실바람이 어루만져요.
그 발자욱 예쁘다 어루만져요.

고등학교 갓 졸업하고 첫 직장으로 어린이 신보사 편집부에서 일한 적이 있다. 수학 선생님의 소개로 월급 1,600원^{쌀 여섯 말} 값을 받기로 하고 입사하여 교정도 보고 글도 쓰고 배달도 하는 수줍은 시절이었다.

그 신문사가 창간을 기념하는 어린이 노래 경연대회를 열었는데 지정곡으로 부르게 한 노래가 이 노래였다. 몇 달인가 일하고 월급 한 푼 못 받고 그만둔 첫 직장이었지만 이 노래만은 마음에 남아 한평생 더러 흥얼거리며 같이 살아온 정든 노래다.

바닷가 모래밭에 물새가 남기고 간 발자욱 하나! 바람이 지워 버렸거나 아니면 물살이 그래 버렸을지도 모르는, 살아있었던 것의 흔적에 대한 애정이 눈물겹다.

사실상 있었는지 없었는지도 모를, 상상 속에서만의 것이었을지도 모를 물새 발자욱 하나가 시가 되고 노래가 된 것이다. 마음 고운 사람들에게는 이렇게 누가 시킨 것도 아닌데 하느님이 지으신 것에 대한 애틋함이 날 때부터 누군가 숨겨둔 듯 저도 모르게 흐르고 있는 것이다.

욕심꾸러기, 마음 검은 요즘 사람들에게는 먹는 것도 입는 것도 아닌 그 '물새 발자욱' 하나가 무슨 소용에 닿겠는가. "물새 발자욱? 웃기지 마라!" 외마디 소리와 함께 어디선가 떼 지어 웃는 소리가 들리는 듯하다.

누구를 위하여 이 세상 그 모든 창조물들은 지어진 것일까?

···잎새에 이는 바람에도
나는 괴로워했다.

별을 노래하는 마음으로
모든 죽어가는 것을 사랑해야지…

윤동주 '序詩' 에서

　이런 분들을 위하여 하느님은 이 세상을 여셨고 그 은혜로운 창조물들을 지으신 것이 아니겠는가 생각해보게 된다. 하찮은 풀잎 하나에서 높고 푸른 하늘에 이르기까지 그 지으신 뜻을 올바로 알아차리는 감수성 넘치는 착한 사람들, 잠깐 있다 없어져 버린 자욱 하나에도, 잎새에 이는 한 오라기 바람에도 괴로워하며 살아왔고 또 살아가는 사람들!
　누구에게도 해 안 끼치고 누구를 미워한 일도 없는 이런 사랑의 재벌들이 있는 것이다.

　"빛이여, 생겨라!"
　하느님의 이 한 말씀으로 어두웠던 세상이 환하게 밝아졌다. 떠들썩하게 예산을 편성하거나 사업계획 같은 것을 세운 것도 아니고 크고 어마어마한 발전소가 있는 것도 아닌데 공해 하나 없이 온 세상을 이토록 밝혀 놓은 것이다.
　그 밝은 빛 속에는 따뜻함도 숨겨 주어 새들이 끝없이 날게 하고 벌레와 짐승들이 기고, 걷고, 달리고, 뛰놀게 하셨다. 이

슬과 비도 때때로 촉촉이 내려 주시어 풀과 나무도 싱그럽게 자라나게 해주셨다.

    빛!
    세상을 밝혀 주는 환한 빛!
    만져지는 형체도 없고 짓누르는 무게도 없이
    끝없이 환하게 밝고
    알맞게 따뜻한
    무료로 제한 없이 베풀어진 무게 없는 황금,
    오! 값진 빛이여!

  이렇게 그 옛날에 거저 지어주신 하나하나를 맑은 마음으로 보며 만지듯이 묵상해 갈 때 고맙지 않은 것은 아무것도 없다.

    걸어도 달려도 끝이 없는 땅!
    뛰어도 굴러도 꺼지지 않고
    어떤 무게도 말없이 다 받아주는 땅!
    평생을 무료로 눕혀주고 재워주는 고마운 땅!

  더 놀랍게도 당신의 형상대로 사람을 지으시고 "자식을 낳고

온 땅에 퍼져서 땅을 정복하여라. 바다의 고기와 공중의 새와 땅 위를 돌아다니는 모든 짐승을 부려라!" 이렇게 한없는 축복 속에서 인류의 삶은 시작되었다.

그러나 "선과 악을 알게 하는 나무 열매만은 따 먹지 말아라. 그것을 따 먹는 날, 너는 반드시 죽는다"창세 2,17고 엄하게 경고 하시며 죽음의 길로 가는 것을 막으려는 하느님과 "절대로 죽지 않는다"창세 3,4라고 꾀어 죽음의 길로 인도하는 사탄인 뱀과의 싸움에 철없는 인류의 조상은 뱀의 편이 되어 스스로 죽음을 맞 이한다.

하느님은 죄를 지은 아담과 하와가 다시 생명나무 열매까지 따 먹고 끝없이 살게 될까 봐 에덴동산에서 내쫓으셨다. 거기에 다 얼마나 질겁을 하셨으면 거룹들을 세우고 돌아가는 불칼을 장치하여 생명나무에 이르는 길목을 지키게 하셨을까.

영원히 살게 지은 인생을 이제는 땅에 속한 유한한 생명으로 서둘러 제한하지 않으면 안 되는 하느님의 심정을 짐작할 수 있 는 것이다. 결국 하느님의 뜻에 따른 창세의 역사는 중단이 되 고 사탄에게 덜미 잡혀 끌려다니는 인간들의 죄악의 역사가 시 작된 것이다. 죄악도 긴 세월 동안 발전을 거듭하여 무서운 세 상이 되어 버렸다.

하느님께서는 이 무서운 세상에 인간들을 그대로 두고 보실 수 없어 성모님을 통하여 당신의 외아드님을 보내셨다. 성모님께서도 창세 이래 이어온 사느냐 죽느냐의 치열한 싸움에서 자녀들을 구해내고자 다음과 같은 말씀을 거듭 당부하고 계신다.

"어린아이같이 되어라" "작음을 이루어라" "말씀이 되어라" "성부와 성자와 성령이 하나이듯이 너희도 하나가 되어라" "티없는 내 성심에 너희를 봉헌하여라" "기도하여라" "이스라엘 백성들이 이집트를 떠나 가나안 땅으로 들어갔듯이 너희는 죄에서 떠나 하늘나라로 향해야 한다"

없어질 '물새 발자욱' 하나에도 사랑을 기울여 시로, 노래로 만들고, '잎새에 이는 바람'에도 괴로워하며 '모든 죽어가는 것'들을 사랑하며 살아가는 사람들…

그들이야말로 누구보다 먼저 성모 마리아와 같이 티없는 마음을 이루어 하늘나라에서 성삼위 하느님과 하나 되어 살 수 있게 될 분들이 아닌가 생각해 본다.

창세기

"빛이여 생겨라!" 하셨지만
빛도 아직 밝기가 서툴러
수줍은 자락을 조심스레 드리우던
어느 낯선 산자락에,

바람이 홀로
걸어보고 달려보고
멈춰도 보고……

어디선가는
빛 속 따뜻함이 하도 좋아서
귀뚜라미 눈 부비며
내보던 소리.

규태야, 규동아!

　친구가 먼 길을 떠났다. 금년들어 새로 피는 개나리, 진달래를 미처 못 보고 새봄의 기운을 느껴보지 못한 채 병실 밖으로 을씨년스런 겨울 풍경만 내다보다가 돌아오지 못할 먼 길을 떠난 것이다.

　남달리 사랑하던 고운 아내, 듬직하게 생긴 아들 녀석들, 어떻게 다 두고 떠나갔을까. 유난히 정도 많은 사람이 사람들과 얽혀있던 세상 줄을 끊고 어떻게 그렇게 떠날 수 있었을까.

　장수 촌놈은 명동 한복판 르네상스다방에서 축음기 레코드판 틀어주는 일을 하며 연세대 수학과를 다니던 때의 고생하던 얘기를 곧잘 하곤 했다. 발바닥 살이 길바닥과 닿는 닳아진 신발을 신고 종로랑 을지로를 누볐다며 구수하게 이야기를 늘어놓던 정겨운 친구를 허망하게 떠나보내고 만 것이다.

지난날 우리 아이가 미국학교에 지원서를 낼 때 이 친구에게 추천서 한 장을 써달라고 부탁한 일이 있었다. 내가 손수레를 밀고 다니면서 어렵게 번 돈으로 가르친 자식이라고 어떻게나 감동적인 글로 추천서를 썼던지 다른 미급한 결격사유들을 보완해 주었던 일을 잊을 수 없다.

등산하다가 우리 둘이 뒤처져 따로 떨어져 가게 되었을 때, 아이가 원하던 대학교에 붙었다는 얘기를 전했더니 매우 기뻐해 주었다. 그가 묵묵히 한참을 가다가 "너 그 얘기 다른 사람들한테는 하지 마라" 하고 타이르듯 조용히 말해주는 것이었다. 나도 그 이유를 묻지 않았고 그도 더 이상 설명을 붙이지 않았다. 이쪽저쪽을 두루 배려한 그다운 사려 깊은 조언이었음을 그가 떠난 지금 새삼 마음 깊이 되새기게 되는 고마운 말이었다. 조선일보 '이규태 코너'의 이규태가 이 친구다.

우리가 고등학교를 졸업하고 전주를 떠나던 무렵, 서울의대에 합격하고 시까지 쓰는 친구를 부러워하지 않은 사람은 없었다. 청량리 뇌병원 부원장을 지낸 정신신경과 전문의 이규동.

수십 년을 주말마다 이규태와 나란히 산에 다녔던 그가 한두 달도 더 기다리지 못하고 저승에도 나란히 가자고 약속이나 한 듯 세상을 떠났다.

외국에 잠깐 다녀올 일이 있어 그가 입원해 있는 병실에 전화했을 때만 해도 그렇게 중증으로는 느껴지지 않았다. 돌아와서 찾아보려니 했던 것이 그만 마지막 인사가 되고 말았다. 자신이 해오던 병원은 아들에게 물려주고 새로 단장한 병원을 개원하려 했는데, 꿈을 접고 이규태와 나란히 저승길에 오른 것이다.

우리가 전주에서 학교 다니던 중고교 시절은 온 나라가 6·25 전쟁으로 어지러운 때였다. 그래도 사람들은 정신적으로나마 심오한 삶을 추구하고 싶었던지 여기저기 헌책방들이 널려있어 전주다운 조촐한 그런 문화적 분위기가 있었다.

전주여고 정문 앞 찬혁이네 집은 우리가 약속 없이도 모이는 사랑방이었다. 우람하면서도 모양새 잘 갖춘 훤칠한 기와집이었다. 무주, 장수, 임실, 정읍에서 몰려온 촌놈들이 '트로이메라이'나 베토벤의 '9번 교향곡'을 처음 들은 것도 이 집에서였을 것이다.

전주여고 담장 위로 우거진 벚꽃나무 가지들이 꽃잎을 떨어뜨려 그 아랫길을 하얗게 덮어갈 때, 흰 머릿수건 흰 앞치마의 여학생들이 몰려나와 꽃잎을 쓸고 있는 풍경은 우리 남학생들을 얼마나 들뜨게 했던가.

치기만만한대로 우리는 두껍고 어려운 헌책을 끼고 다니기도 했고, 망설이고 망설이다가 모자라는 용돈을 절약하여 '신천지'라는 하나뿐인 양식당에서 포환을 던질 것처럼 치켜든 자세로 들고 오는 그 꿈같은 '오므라이스'를 달게 먹던 낭만도 잊을 수 없다. 〈백탑〉이라는 창간이자 종간이 되기도 한 문예지를 다른 학교 학생들과 모여 발간한 일도 있었다.

이런 지난날의 풋내기들이 이제 다 어느새 할아버지가 되어 하나둘씩 세상을 떠나고 있는 것이다.

내가 아침저녁으로 드리는 기도의 지향대로 나의 친구들에게도 그 뜻이 이루어져 하늘나라의 영원한 백성이 되기를 기원해 마지않는다.

이 세상 떠난 형제 받아 주옵소서
이제 주를 섬기며 새날을 맞으니
내 주여, 당신 종을 축복해 주시고
먼 길 떠나간 형제 받아 주옵소서.

오군도 烏群圖

가마귀 떼 도는 하늘
저무는 마을.

누구의 마지막 아쉬움이
이 세상 못 떠나고 저리 끌리나.

저승의 문 닫히는
노을 지는데.

재우고 가자.
재우고 가자.

못다 우는 서러움
재우고 가자.

가마귀 떼 도는 그늘
저무는 마을.

황새물 아저씨의 참새구이

지금 내 기억 속에 남아 있는 황새물 아저씨는 보통보다는 조금 큰 키에 가는 편인 몸매와 목이 쑥 빠진 해말간 얼굴, 이목구비가 또렷한데다 목소리가 가늘고 차분한 아저씨다. 우리 아버지보다는 몇 살 아래인 집안 아저씨였다. 그 아저씨의 큰아들인 방규는 나와 항렬이 같아 "일규형, 일규형" 하며 나를 곧잘 따랐다.

그러던 그 동생이 무슨 병으론가 죽고 한두 해 뒤였을까? 나는 동네 위 끝에 있는 우리 집에서 아래 끝 아저씨 댁에 심부름을 간 일이 있다. 그게 나로서는 어쩌면 세상에서 처음 간 심부름이었는지 모른다. 다섯 살 아니면 여섯 살 그 무렵이었을 것이다.

아저씨 댁 뒤뜰은 대밭으로 둘러 있고 그 대밭 한쪽에는 뾰주리감, 똬리감이 고루 열리는 오래 묵은 감나무가 지붕 위에 솟아 퍼져있었다. 그리고 앞마당에는 들에서 거둬들인 볏단을 아래로부터 둥글게 차곡차곡 원을 그리며 커다랗게 성처럼 쌓아올린 나락베눌날가리이 돼지우리를 가리고 있었다.

바람이 차갑게 느껴지는 초겨울의 이른 아침이었다. 아저씨는 그 집 할아버지께서 거처하시는 방에 딸린 외딴 부엌에서 마른 솔가지를 똑똑 잘라 넣으며 불을 때고 계셨다. 아침상에 올라갈 시락국은 이쪽 부엌에서 따로 끓이는 모양이었다.

내가 무슨 전갈을 드렸을까? 불 때는 아저씨 곁에 앉아서 내가 무슨 말을 여쭈었고 또 들었는지는 통 기억이 없다. 다만 나락베눌에 붙어있는 벼 이삭을 쪼아 먹느라고 대밭에서 날아든 새떼가 지저귀는 시끌작한 소리는 오랜 세월이 지난 지금도 내 귀에 쟁쟁하다.

불을 때고 계시던 아저씨는 어느새 갈퀴채를 잡고 발소리를 죽이며 조심조심 새들이 붙어있는 나락베눌 쪽으로 가고 계셨다. '꼴까닥' 침 삼키는 소리가 우레 같다고 느끼는 순간, 어디서 그런 힘이 나왔는지 아저씨의 갈퀴발이 나락베눌을 후려쳤다.

푸드덕 날아오르는 새들 사이로 힘없이 떨어지던 참새 한 마리. 그 새를 주워들고 부엌의 그 자리에 다시 돌아온 아저씨 곁에 나는 또 그렇게 붙어 앉았다. 아저씨는 말없이 아궁이 속의 불재를 하작하작 헤치고는 들고온 새를 묻었다.

솔가지 타는 냄새에 새털 타는 냄새가 겹쳐 온 부엌에는 구수한 냄새가 진동했다. 한참 뒤 아저씨는 털이 오골오골 타버린 잘 구워진 새를 잿더미에서 꺼냈다. 나는 왜 그때까지 집에 안가고 거기 눌러앉아 있었을까? 눈치 빠른 사람은 더러 짐작할 수 있을는지 모르지만… 다행스럽게도 오는 사람, 가는 사람 하나 없이 오붓하기만 한 시간이었다.

재를 털어내고 타버린 털과 함께 껍질을 벗겨 내자 군침 돌게 하는 냄새와 함께 뽀얗게 잘 익은 살이 드러났다. 아저씨는 그 살을 한 점씩 떼어서 내 입에 넣어주셨다. 뼈만 앙상하게 남을 때까지 한 점도 당신 입으로는 가져가지 않고 남김없이 모두 다 내 입에만 넣어주었다.

당신 입에 고이는 군침을 그대로 삼키시며 끝까지 한 점도 당신 입에 가져가지 않고 내 입에만 넣어주신 그 새고기 맛은 수십 년이 지난 지금도 잊을 수가 없다.

아저씨는 그 뒤 얼마 못 사시고 아쉬운 나이에 우리 곁을 떠났지만 두고두고 지금껏 내 마음에 남아 있는 어른이다. 설이나 한가위 같은 명절이면 나보다 먼저 새 옷으로 갈아입고 "일규형, 일규형" 하며 우리 집에 뛰어오던 방규의 죽음이, 새고기를 나에게 떼어주시던 아저씨의 마음속 깊은 데서 그분을 울리고 있었던 것은 아닐까 하는 생각을 해보게 된 것은 꽤 긴 세월이 지나간 뒤의 일이었다.

내가 황새물 아저씨의 참새구이처럼 잊지 못하는 다정한 말씀의 선물이 있어 여기 적어본다.

"겸손과 사랑으로 매사에 자랑하지 말며 좋은 것을 소유하지 말고 순례자나 나그네처럼 살아가자. 천상의 이 엄마 품에 안길 때까지 언제나 가난하고 작은 자 되어 모든 이를 섬기는 자가 되자. 다른 이에게 평화를 주고 희생과 보속의 생활로 남에게 이득을 주는 일을 하자.

매일 매 순간 자신을 낮추어서 갈바리아 예수님을 생각하고, 가난, 겸손, 순종, 정결을 통해서 완덕의 길을 걷기 원하는 어머니를 따라 높은 데서 자꾸만 내려가자. 스스로 낮아지신 예수님처럼 우리도 낮아져야 하지 않겠느냐!

더 많이 생활을 바꾸어보자. 모든 것을 다 내던져버리고 너희 모두의 가치관마저도 버리자. 매 순간 회개하여 예수님과 대화 나누자. 회개라는 것은 단순히 죄만 통회하는 것이 아니고 울며 후회만 하는 것도 아니며 하느님께서 원하시는 삶을 살아가려고 노력하는 것이 아니겠느냐.

세속적인 생활을 끊어버리고 복음적인 생활을 그대로 실천하려고 노력하자. 고단백일수록 썩으면 냄새가 더 고약하고 태양이 빛날수록 어두움이 짙다. 다시 한번 죽고 그리스도를 닮자"

이 세상 어느 어머니가 이런 가르침을 주었던가!

지난날 내가 받았던 황새물 아저씨의 참새구이는 이 세상에서 받은 귀한 사랑의 선물이지만 이 말씀의 선물에는 잔잔한 말의 흐름 속에도 '천상의 엄마 품에 안길 때까지'라는 높은 차원의 구원 약속이 숨겨져 있음을 느낄 수 있다. 지금도 기다려지는 어린 시절 다정했던 동생 방규, 인정 많고 고마웠던 황새물 아저씨⋯ 모두 이 천상의 엄마 품에 안겨있다면 얼마나 좋을까!

아들에게 물려주고 싶은 것

삼십 대 후반 나는 기계공장을 했다. 수입 기계의 국산화 사업이 유망 시 되던 때였다. 기종 개발을 위한 해외여행도 자주 하게 되었는데 방문국 전시장의 기계들을 둘러보고 나면 그 나라 출품사들이 방문객들에게 어디 가고 싶으냐? 무엇이 보고 싶은가? 등 물어오며 호의를 베푸는 것이었다.

나는 그 무렵 중학생이던 아들이 있어서 곧잘 그 나라의 고등학교를 방문해 보고 싶다고 했고 그들은 기꺼이 안내를 해주었다. 아들이 좋은 기회를 놓치지 않고 알뜰한 교육을 받도록 하고 싶었기에 알고 싶은 것도 많았다.

요즘처럼 해외여행이 일반화되지 않은 때라 외국어가 안되는데도 혼자 나가는 수밖에 없었다. 그래도 최소한의 인사 정도는 해야겠기에 기초 회화책을 끼고 다녔는데 그 회화책 뒤쪽에 하버드대학 비즈니스 스쿨의 안내 글이 학교 사진과 함께 실려있었다.

　찰랑찰랑 넘칠 듯 흘러가는 푸른 강물, 반원의 포물선을 그리며 걸려 있는 다리 건너 평원 한쪽에 그림 같은 그 학교는 서 있었다. 6·25 전쟁의 참화 속에서 못 먹고 못 입고 살던 일이 채 잊혀지지 않은 때여서 돈벌이를 배우는 비즈니스 스쿨은 사람들의 꿈이요, 선망이 되기에 충분한 것이었는지 모른다.

　세월이 흘러 이제는 그 아들이 40 후반의 나이가 되고 나는 백발의 할아버지가 되었다. 아들은 그 꿈같이 아득하기만 했던 대학교, 대학원을 나와 알려진 회사들을 줄줄이 거쳐 제 나름의 보람찬 생을 꾸려간다고 하고 있는 어제오늘, 이제 또 새로 깊은 밤, 이른 새벽 또 다른 근심과 걱정을 하게 되는 것이다.

　나는 참으로 물려줄 것을 잘 물려주었는가?

　"하늘나라는 밭에 묻혀 있는 보물에 비길 수 있다. 그 보물을 찾아낸 사람은 그것을 다시 묻어두고 기뻐하며 돌아가서 있는 것을 다 팔아 그 밭을 산다"마태 13.44고 했는데, 이제 그 밭도, 보화도 못 보는 이 지상 세속의 삶에만 길들어 사는 아들에게 어떻게 '있는 것을 다 팔아 그 밭을 사도록' 할 것인가가 문제인 것이다.

　우리가 찾아내야 할 참 보물은 말할 것도 없이 영원한 생명을 누릴 하늘나라일 것이다. 이것을 어떻게 설명해야 사랑하는 아들에게 이 하늘나라와 영원한 생명을 일깨울 것인가.

　하느님의 어지심을, 예수님의 뜨거운 사랑을, 티 없는 성모님의 도우심에 대하여 어떻게 설명해도 그 은총을 맛보지 못한 아들은 못 알아듣는 것이다.

　사람이 나면 살다가 죽어가는 것이 당연한 것 아닌가 하고 반문하는 세상의 똑돌이, 똑순이들을 어떻게 이 영생의 사랑 동산으로 불러들일 것인가.

　설탕을 찍어 맛보고 단맛을 알 듯, 은총을 맛보고 마음이 뜨거워져 눈물로 죄를 통회하며 세속과 육신의 유혹에 매여 살던 삶에서 벗어나 하느님께서 태초에 불어넣어 주신 참생명의 숨결을 회복하는 삶을 어떻게라도 아들에게 일깨워 주고 싶은 것이다.

　지난날, 해가 바뀔 때마다 새 옷을 갈아입히고 손잡고 걸음마를 시키며 길러서 학교를 선택하여 가게 했던 것처럼, 요즘 새로 또 아들에게 참 생명에로의 신앙의 삶을 살게 하고자 애태우며, 새삼 하느님의 창세 때 일을 생각하는 것이다. 우리가 자녀를 돌보는 것보다 얼마나 더 높고 깊고 넓은 사랑으로 아담과 하와를 돌보신 하느님이셨던가.

"하느님께서 진흙으로 사람을 빚어 만드시고 코에 입김을 불어넣으시니, 사람이 되어 숨을 쉬었다. 하느님께서는 동쪽에 있는 에덴이라는 곳에 동산을 마련하시고 당신께서 빚어 만드신 사람을 그리로 데려다가 살게 하셨다. 야훼께서는 보기 좋고 맛있는 열매를 맺는 온갖 나무를 그 땅에서 돋아나게 하셨다"창세 2,7-9

"들짐승과 공중의 새를 하나하나 진흙으로 빚어 만드시고, 아담에게 데려다 주시고는 그가 무슨 이름을 붙이는가 보고 계셨다. 아담이 동물 하나하나에게 붙여준 것이 그대로 그 동물의 이름이 되었다"창세 2,19

팔을 걷어 올리고 물과 진흙을 만져 당신의 형상대로 우리를 만드시고, 당신의 마음과 얼과 영혼을 담은 입김을 불어넣으시어 당신 자녀로 일으켜 세우고 숨 쉬게 하고, 우리가 디디고 걷고 달리고 뛰놀며 살 동산을 장만하여 주고, 맛있는 열매 맺는 수천만 본의 나무들을 주고, 모든 짐승과 새들을, 또 그것들을 다스리며 살아갈 복된 삶을 주신 높고 깊은 하느님의 부심父心을, 보잘것없는 나와 내 아들과의 관계를 통하여 가슴 깊이 느껴 본다. 또 아들의 혼인을 통해서도 아담에게 하와를 챙겨주시는 하느님 아버지의 깊은 사랑을 짐작해 보는 것이다.

진흙으로 새와 짐승을 빚어 만드시고 손 씻는 것도 잊은 채 그가 무슨 이름 붙이는가를 바라보시는 하느님의 어지신 눈길을, 그분께서 주신 마음과 기도의 창을 통하여 지금도 느낄 수 있는 것이다. 얼마나 좋은 삶, 값진 유산을 물려주려 하셨던가.

우리가 영원한 삶을 누리며 살도록, 따 먹으면 죽는 나무까지를 미리 짚어주고 타일러주며 뒤의 뒷날까지 살펴주셨던 것을 우리는 이제라도 알 수 있는 것이다.

하느님께서는 당신이 공들여 하신 일들이 사람의 철없는 불순종으로 초기부터 글러온 그 일들을 끝내 포기하지 않으셨다. 오히려 아드님 성자의 참혹한 수난과 죽음을 통해서까지 피조물들에 대한 일관된 자비와 사랑의 본뜻을 이루고자 이 시대 오늘에 이르기까지 줄기차게 애써오셨다.

"네 어미는 너를 잊어도 나는 너를 잊을 수 없다"고 말씀하시는 하느님인 것이다.

"그러므로 기뻐하십시오. 여러분이 지금 얼마 동안은 갖가지

시련을 겪으면서 슬퍼할 수밖에 없겠지만 그것은 여러분의 믿음을 순수하게 만들기 위한 것입니다. 결국 없어지고 말 황금도 불로 단련을 받습니다. 그러므로 황금보다 훨씬 더 귀한 여러분의 믿음은 많은 단련을 받아 순수한 것이 되어 예수그리스도께서 나타나시는 날에 칭찬과 영광을 차지하게 될 것입니다"1베드 1,6-7

하느님의 생명보다 값진 유산이 있을 것인가!

십육만 사천팔백 원

어머니와 아내

나는 24살 때 세 살 아래인 아내와 별 까다로운 절차 없이 사진 한 장씩 주고받고 결혼했다. 사진으로 본 아내의 첫인상은 두툼한 검은색 공단 핫저고리를 입고 찍은 사진이어선지는 몰라도 복스러운 얼굴로 보였다. 9남매 맏이인 내가 누구든 온다면 얼른 맞이해야지 무슨 인물 탓하겠냐는 생각도 내심 없지 않았다.

공교롭게도 같은 해에 어머니는 막내둥이를 가졌고 아내는 큰딸을 갖게 되었다. 보채는 큰딸을 겨우 재워놓은 아내는 어머니 방으로 건너가 막냇동생에게 젖을 빨리고 돌아오는 것이었다. 그런 궁색하고 숨 막히는 생활을 아내는 군말 없이 잘 참아 내고 있었다.

그때 어머니는 나이가 별로 많지도 않았지만 시어머니 몫은 톡톡히 챙기는 편이었다. 어머니 성미가 급한 편이어서 열네 식구 사는 집안에서 농사일, 빨래하는 일, 밥 세끼 꼬박꼬박 챙겨 먹여야 하는 일 등 부산한 속에 하루도 조용히 그냥 넘어가는 일이 없었다. 제삿날이 돌아오고, 설 추석이 돌아올 때면 온 집 안은 완전히 공포 분위기에 사로잡히는 것이었다.

웃어른의 어진 칭찬 한번 못 듣고 웃음 한번 마음 놓고 못 웃어보고 숨 한번 크게 못 쉬는 고통의 형장에서 철없는 시동생, 시누이들 받들고 아들딸 키우면서 착한 소처럼 살아온 이 땅의 많은 맏며느리들께 나는 큰절을 올리고 싶다.

이렇게 시작된 나의 결혼생활이 이제 그 끝을 향하여 가고 있는 어제오늘이 되었다. 사정도 많이 달라져서 어머니는 100세를 바라보는 파뿌리 할머니가 되었고 집사람도 70 노인이 되었다. 어머니뿐 아니라 이제는 아내도 "아이고 허리야" "아이고 무릎아" 하는 처지가 되었다.

그러던 어느 날부턴가 연희동 성당 구역인 우리 집을 팔고 강남으로 이사하자는 이야기가 나오기 시작했다. 그 제안의 수위는 날로 높아져서 마침 작자 있을 때 얼른 팔고 떠나야 한다는 것이었다. 아들도 두 딸도 다 찬성이었고 아내도 싫지 않은 눈치였다. 나 혼자만 "내가 어떻게 정성 들여 지은 집인데 이 집을 떠나!" 하는 애착을 못 버리고 있었다.

그러던 어느 날 집은 팔렸고 이때부터 본격적으로 들고나온 얘기가 "할머니를 어떻게 하느냐?" 하는 것이었다. 이제는 할머니를 어머니 곁에서 떼어놓아야지 그대로 두면 어머니가 제 명대로 못산다는 것이 아들딸들의 일치된 의견이었다.

젊은 작은아버지, 작은어머니들, 고모네들도 이제는 한 몫들을 거들 때가 되었다는 것이었다. 여러 집 아들딸들과 많은 손주들까지 자유롭게 드나들며 할머니를 돌봐드릴 수 있으니 더 좋다는 것이다.

"허긴 그렇기도 해…" 패색이 짙은 싸움에 큰소리 한번 못하고 흰 기를 엉거주춤 올리고 말았다. 그러나 내가 아들딸 편에 가담하는 쪽으로 기울어진 결정적 이유는 내 머리를 스친 지나간 어느 날의 아내의 모습이었다.

내가 군대 생활을 마칠 때쯤이었다. 어머니와 누군가가 읍내에 장 보러 가는 참이었는지 동네 앞 고개를 넘어 작은 붓도랑 시냇가 시골길을 걸어 나오고 있었다. 멀리서도 어머니는 알아볼 수 있었지만 그 앞에 걸어 나오는 사람이 누구인지 처음엔 알 수가 없었다. 점점 가까워지면서야 그 사람이 내 아내인 것을 알아차릴 수 있었다. 젊은 여인다운 모습이라곤 어느 구석에서도 찾아볼 수 없는, 별나게도 커 보이는 뻣뻣한 국방색 미군 외투를 한쪽 깃만 세워진 채로 늘어뜨려 입고, 웃는 것인지 우는 것인지 모를 표정으로 다가오는 것이었다.

자기 모습이 어떤지 완전히 망각한 채 마주 오는 사람은 너무나도 분명한 20대 후반의 내 아내였다. 외투에 달린 금 단추, 햇빛에 눈부신 유난히 큰 금 단추가, 어디로 향하는 것인지 알 수 없는 분노의 현기증을 내 안에 일으키고 있었다.

이렇게까지 아들딸들이 할머니의 일로 팔을 걷고 나서는 까닭은 지난날 한 집에서 할머니 밑에서 살 때 겪었던 섭섭한 일들이 잊혀지지 않은 채 상처로 남아있기 때문일 것이다.

9남매를 낳아 며느리에게 모두 짐 지워놓고 큰소리만 치며 고마운 줄 모르고 살아오는 우리 어머니, 말이 없다고 해서 마땅히 그렇게 살아야 하는 사람으로 치부해버리고 소처럼 끌려와 혹사당하는 형수를 제대로 한번 챙겨준 일 없는 철딱서니 없는 동생들과 누이들…

공평과 절제, 도량과 어지심, 딱 부러진 예의범절이나 별 교양이라곤 갖춘 것 없이, 관습적으로 군주 같은 안주인으로 들어선 어른의 통치 기간은 지울 수 없는 불만의 꼬리들로 이어지는 것이었다.

그렇지만 나는 어머니에 대한 또 다른 기억들을 가지고 있다. 중학생 때 여름방학이 되어 집에 돌아오면 집은 비어있고 어머니는 먼 밭에서 붉어진 고추를 따 담아 부대와 자루에 채우고 있었다. 고추밭 가운데 서서 땀을 훔치면서 교복 차림으로 뛰어오는 나를 보며 보람스런 웃음을 지으시던 어머니! 그렇게 딴 고추를 말려 시장에 내다 판 돈은 나의 학비와 하숙비가 되었고 밤새워 재미있게 읽었던 소설책 값도 되었다.

내가 아무리 힘없는 입장이 된 지금일지라도 어디에도 잘못 치우치거나, 쏠리거나, 기울지 않는 꿋꿋한 삶을 살고 싶다. 어머니께서 언제 돌아가시더라도 어머니의 손을 꼬옥 잡고 보내드리고 싶고, 여러 차례 수술받은 전력이 있는 내가 혹시 불효스럽게도 먼저 가는 경우에라도 나는 어머니의 다 닳은 손을 꼬옥 잡고 거룩하신 성모 어머니의 크고 넓고 깊으신 품으로 돌아갈 것이다.

"너희들이 바쁘게 시간을 보내다 보면 너희 안에 있는 것을 볼 수가 없다. 호수를 막대기로 저어보아라. 흙탕물이 일어나서 밑바닥까지 볼 수가 없다. 그렇지만 가만히 놔두면 흙탕물이 가라앉으면서 맑은 물속에서 밑바닥까지 볼 수가 있다. 너희들 역시 마찬가지이다. 너희 자신의 밑바닥까지 보지 못하고는 깊은 회개를 할 수가 없다. 마음속 깊이 안에 있는 것까지도 끄집어내서 회개하여라. 그럴 때에 깊은 상처들이 치유가 되고 마음이 정화가 된다"곱비신부를 통한 성모님 말씀

"아담과 하와가 지은 죄를 우리가 물려받았다. 우리들 안에 죄의 뿌리가 내려져 있다. 이 원죄는 없어지지 않는다. 우리는 조상 아담으로부터 이 죄를 물려받았기 때문에 끊임없는 기도로 원죄를 잘라내야만 한다. 우리 안에서 자라는 죄의 뿌리는 기도로만 잘라낼 수 있는데 기도를 하지 않으면 뿌리가 그대로 자라는데 그것은 자아와 교만, 욕심의 뿌리이다"곱비신부를 통한 성모님 말씀

수천 년 긴 세월 기도 한번 한 일 없고 자기 성찰이나 고해성사 한 번 한 일 없이 어른이 되어 대접만 받아왔던 우리 어른들이, 말씀을 묵상하고 기도하며 밝은 미래의 하늘나라로 이어질 새사람, 새어머니, 새 어른들로 태어날 미래를 꿈꾸어본다.

조춘 早春
―아내여, 새봄에!

해가 열리는
이 함박눈 내리는 날에

아내여
멀리 떠나 있는 아내여

지난날 나 위해
숨어서 흘린 눈물의 양을
헤아려 본다.

아직도 어느 구석에
덜 아문 아픔이 남아 있으면

이 아침에 포근히 내리는 눈으로
잠재워 다오.

아내여
수줍고 부끄럽게 처음 만나듯
어서 만나자.

보름 앞 살 일이 깜깜하던
지난날의 어느 한때도 돌아다보며

아끼던 우산을 오늘은 쓰고
조용히 쌓이는 눈을 밟으며 걷자.

이 눈 그치면
새들이 흔들어 깨운 가지에
시새워 벙그러질 수많은 꽃잎들의
속삭임이 실려 오는 봄 무지개 찾아 나서자.

넘치지도 않고 마르지도 않는
숨어서 고이는 샘물 같은
오오 귀한 나의 당신이시여!

십육만 사천팔백 원

이십 대 후반 결혼 초기, 처가 쪽 도움으로 어렵게 입사했을 때 오만 원 전세방에서 겨울엔 다소 추웠지만 세 살 난 첫딸과 아내와 내가 꿈속같이 단란하게 살았다.

어찌어찌하다가 경리 사원직까지 맡게 된 행운 속에서 꿈에 부풀어 기대에 찬 앞날을 그리며 물불 모르고 일하던, 이른바 나의 맹렬사원 시절이었다.

그때 시장을 개척해야 하는 새 상품을 막 만들기 시작한 무렵이라 경리사원인 나도 틈나는 대로 지방대리점 개척에 동원되곤 했었다. 내가 맡은 곳은 춘천, 원주, 청주를 거쳐 조치원, 천

안, 평택 등지를 돌아오는 일이었다. 일이 순조로워 매상이 제법 오르게 되자 경리직을 누군가에게 넘기고 판매직에만 전념하게 되었었다.

그러던 어느 여름날 춘천에 도착하여 한 차례 수금한 돈을 가방에 넣은 채 단골이었던 '동진여관'에 들어갔었다. 잠깐 쉬었다가 장사가 끝나는 저녁나절에 마저 수금하여 다음 날 송금할 셈이었다. 땀을 씻고 방에 들어와 돈이 든 가방 위에 발을 얹어 놓은 채 잠깐 쉰다는 게 그만 잠이 들어버렸다.

얼마 뒤 잠이 깬 나는 소스라쳤다. 돈 가방이 없어진 것이다. '큰일 났구나' 어쩔 도리가 없어 허둥지둥 혼이 빠져 그때 춘천지방 검찰청에 와있던 고향 출신 젊은 검사님을 찾아가 두서없이 꾸벅꾸벅 절하며 뭐라곤가 부탁하고 돌아서던 일이 어제 일만 같다.

넋을 잃고 돌아올 때 땅은 꺼지는 것만 같았고 하늘은 처음 보는 노랗기만 한 빛깔이었다. 청운의 뜻을 비 맞은 날개처럼 접고 돌아오던 일은 지금도 생각하면 가슴이 철렁하다.

십육만 사천팔백 원! 사십 년이 지나서도 내가 이렇게 똑똑히 기억하고 있는 이 금액은 그대로 회사의 가불대장에 올라 월급때마다 나와 아내를 괴롭혔다. 그 뒤 29세에 군에 입대한 나는 논산훈련소에서 땀 묻은 손으로 회사에서 보내온 가불 잔액 확인서에 서명해 보내고 제대 후 다른 회사에서 번 돈으로 그 묵은 빚을 마저 갚을 수 있었다.

그때 누가 그 돈 십육만 사천팔백 원을 찾아주는 분이 있었더라면 나는 얼마나 뛸 듯이 고마웠을까 부질없는 생각을 해보는 것이다.

연희동 성당 새벽 미사가 끝나면 6시 40분이 된다. 십 년 전이나 지금이나 그것은 한결같다. 7년쯤 전이었을까. 막 새벽 미사를 보고 돌아가는데 대학생으로 보이는 한 청년이 허름한 차림으로 허둥지둥 뛰어와 자기 아버지가 돌아가셨다고 하며 도움을 청하는 것이었다.

어쩌면 내가 지난날 돈 가방을 잃어버리고 그랬던 것만큼이나 아니 그보다 훨씬 더 당황하고 있는 것 같이 보였다. 우리 아버지가 돌아가셨을 때 9남매 맏이였던 내가 아마 저랬을 거라는 생각이 스치고 지나갔다.

몇 분 연령회원들과 그 청년의 뒤를 따라 나도 함께 그 집에 갔었다. 60대 초반의 가장이 돌아가신 것이다. 방금 숨을 거두신 것 같았다. 아직 이른 아침이라 몇 안 되는 가족들뿐이어서 매우 쓸쓸하게 느껴졌다. 아내나 아들이나 다른 가족들 모두 이

슬픈 일 앞에서 당황하여 어쩔 줄을 몰라 했다. 아내 되시는 분은 금방 실신이라도 할 것처럼 겨우겨우 몸을 가누고 있는 것 같이 보였다.

나이 드신 노련한 연령회원들이 차근차근 수세를 거두고 나오는데, 별로 긴 시간이 걸리지는 않았다. 그 집 대문을 나서며 들어갈 때는 미처 못 봤던 문패가 눈에 들어왔다. 돌아가신 분이 '검사'라는 것을 알고 있었기에 나는 놀라지 않을 수 없었다. 김○○ 검사 그분이었다. 사십 년 전 내가 돈 가방을 잃어버리고 찾아갔던 그분이 돌아가신 것이다. 서슬이 퍼렇던 젊은 검사 그분이 이 아침에 사랑하는 아내와 아들딸을 두고 이 세상을 떠나신 것이다.

이 세상을 살다 가는 많은 사람들 중 몇 사람이나 평소에 '죽음'을 다른 무엇보다 깊이 느끼며 살다가 준비된 죽음을 맞이할까를 새삼 생각해본다. 나는 먼저 나의 가족들과 가까운 사람들에게 될 수 있는 한 '죽음'을 미리미리 인식하고 친근해 하며 살다가 당황스럽잖게 '죽음'을 편안히 맞이하라고 권하고 있다. 아들딸들에게도 할 수만 있다면 방 윗목에 관을 두고 사는 것이 현명한 일이라고 가끔 일러주며 일깨워주고 있다.

우리가 이렇게 원통하게 잃어가는 이 아까운 사람들을 한 번이라도 다시 만나볼 수 있게 해 주실 수 있는 분은 없을까. 아직 죽어보지는 못했지만 우리에게 이 죽는 일보다 더 큰 일은 없을 것 같다. 목숨을 잃는 것보다 더 많이 잃는 것도 없을 것이다.

책 읽을 때 밑줄 치는 다 닳은 몽당연필 한 자루도 온종일 찾을 때가 있다. 가치의 경중에 관계없이 사람은 그가 잃은 것을 꼭 찾고 싶어 하는 본능이 있다. 하물며 우리들의 목숨이랴? 누가 우리들의 잃는 목숨을 찾아 줄 분은 없을 것인가.

죽은 사람의 가족들은 돌아가신 분을 잃었지만 죽어서 말이 없는 그분은 이 세상에서 누리던 모든 것을 잃은 것이다. 어렵게 땄던 검사직, 아내와 아들딸, 또 소유했던 모든 것을 잃었고 세상 모든 것을 느끼고 살던 감수성, 그 많은 것들에서 일어나는 신선했던 느낌들, 아무도 몰래 간직할 수 있었던 생각과 마음. 이루 다 셀 수 없는 그 다양한 생명의 축복된 기능들이 일시에 정지돼버린 것이다.

그런데도 사람들은 그들이 누리고 사는 이 생명의 복되고 값진 은총의 삶을 미처 다 깨닫지 못한 채 건성으로 허술하게 살다가 마땅히 그래야 할 것처럼 훌쩍 죽어가는 것이 아닌가 싶다.

이런 인간들에게 하느님께서는 그들이 무엇을 잃었는가를 일깨우며 본래의 참 생명을 회복시켜 주시고자 하는 것이다. 생명의 본질, 마음의 본질을 창조주의 지으신 뜻대로 회복하지 못한 채 사는 삶의 연장은 별 의미가 없다. 금방 미워하고 헐뜯고 불결불순에 빠져들고 싸우고 속이고 하기 때문이다.

그래서 하느님께서는 새 하늘과 새 땅으로 들어가기 전에 모든 것을 정화하고 만물을 새롭게 하겠다고 말씀하시는 것이다.묵시 21,22장 참조

우리들 안에 있는 죄의 세력, 어두운 세력, 뱀의 세력, 죽음의 세력을 말끔히 씻어내고 새롭고 영원한 새 만남을 이루자는 것이다. "보아라, 내가 모든 것을 새롭게 만든다"묵시 21,5

잃어버린 십육만 사천팔백 원이 나에게 돌아올 수는 없다. 그런데 그렇게 많은 것들을 잃어오는 속에서도 '나'를 잃을 수는 없다는 생각을 하게 된다. 이를 위하여 성경이 있고 '말씀'이 있다. 그래서 이를 복음, 기쁜 소식이라 하지 않는가.

"여인이 자기의 젖먹이를 어찌 잊으랴! 자기가 낳은 아이를 어찌 가엾게 여기지 않으랴! 어미는 혹시 잊을지 몰라도 나는 결코 너를 잊지 아니하리라"이사 49,15

만난들 무엇하겠는가

도마다리 아저씨는 우리 집안사람만 백여 호 모여 사는 이 마을에서 가장 똑똑한 어른으로 알려져 있는 분이었다. 깊숙한 눈이 부리부리 빛나는 위엄있는 호상의 어른이었다. 긴 세월 동안 타관살이를 하다가 면장 일을 보느라고 면사무소 가까운 동네에 살고 계셔서 특별히 집안 제사 때나 경사스런 날 같은 때만 우리 동네에 들르시곤 했었다.

외양과는 달리 다정한 면이 있어 우리 젊은 내기들과 마주칠 때마다 꼭 다정한 몇 마디를 부드럽고 정겹게 하셨다. "허 그놈 참! 너 언제 왔드냐? 어 그래" 이렇게 던지시는 말속에는 항상

인정이 넘쳤다.

까마득히 수십 년을 잊고 살다가 어느 해던가 내 바로 밑 누이동생이 시집가 사는 시댁에 초상이 나서 문상차 찾아갔던 일이 있었는데 마침 도마다리 아저씨가 그 동네에 살고 계셔서 찾아뵌 일이 있었다.

옛 기세라고는 전혀 찾아볼 수 없고 병고와 함께 막바지에 꺼져 내려가는 노년의 짜증이 주름살과 함께 얼굴에서 온몸으로 흘러내리고 있는 것만 같이 느껴졌다.

돌보는 식구 한 사람 없이 간병하는 중년 부인 한 사람만 딸려 있었다. 한 걸음 한 걸음이 힘드셔서 대소변 길도 부축을 받아야 하는 처지였다. 말 한마디 하는 데도 온 힘을 기울여야 할 만큼 힘이 드신 것 같았다. 위로의 말씀 한마디도 편안히 받아들여지지 않는 듯 보였다. 찾아간 나나 맞아주시는 아저씨나 서로 딱하기만 할 뿐 정겨움이나 반가운 나눔은 그 의미를 찾기가 어려웠다.

노쇠의 병약함과 고달픔 앞에 무엇도 의미가 없는 듯싶었다. 이와 같은 모든 고통이 제 것이 아닌 제 목숨을 별 고마움을 모르고 함부로 낭비하며 살았던 우리의 일생을 맑게 정화하여 저승의 새 삶으로 넘어가기 위한 의미 있는 값진 고통이거나 고

달픔이면 얼마나 좋을까 하는 생각이 들었다. 자기 머리 위에서 바람에 가볍게 날리는 머리카락 한 올을 1밀리도 못 움직일 때가 도마다리 아저씨에게뿐 아니라 우리 누구에게나 어김없이 오고 있는 것이다.

의식하지도 못한 채 들이쉬고 내쉬던 숨결이 언젠가는 내쉬지도 들이쉬지도 못하고 한 숨결 한 숨결이 만 근보다 무겁게 느껴지는 절박한 때가 누구에게나 오고 있는 것이다.

마침내 도마다리 아저씨가 신음 소리와 함께 무거운 짐이라도 부려놓듯 저 밑바닥에서 끌어올려 내뱉듯 "만난들 무엇하겠는가?" 하시던 말씀은 아직도 귀에 쟁쟁하고 긴 세월이 가도 잊을 수가 없다.

　　날 저무는 하늘에 별이 삼 형제
　　반짝반짝 정답게 비추이더니
　　웬일인지 별 하나 보이지 않고
　　남은 별만 둘이서 눈물 흘린다.

내가 세상에 나서 처음 배운 노래니까 세 살 무렵이었을까? 뜻도 모르고 불러왔던 이 노래에 인간 운명의 축도가 들어 있는 것 같이 느껴지는 어제, 오늘이다. 왜 세 별 중 한 별은 보이지 않게 되었을까, 남은 두 별은 또 어찌 되었을까, 남은 두 별 중 다른 한 별이 보이지 않게 되고 홀로 남아 더 큰 슬픔에 잠겨있던 남은 별 하나마저 사라지는, 처음부터 없었던 듯 늘 빈 하늘만 거기 있는 것 같은 슬픔을 이 노래는 암시하고 있는 것처럼 느껴진다. "모든 인생은 한낱 풀포기, 그 영화는 들에 핀 꽃과 같다!"이사 40,6

KBS 아침마당이나 남북 이산가족의 가슴 벅찬 만남을 우리는 눈물을 글썽이며 자주 본다. 얼마나 다행스럽고 기쁜 일인지 모른다. 잃었던 가족을 한 번 만나는 일이 이렇게나 기쁘고 반갑고 감격적인데 하물며 하늘나라에서의 영원한 만남은 얼마나 값진 것일까!

늙지도 않고 이도 빠지지 않고 주름살도 없이 열일곱 살 나이의 영원한 삶이 있다면 사람들은 기쁨으로 몸을 떨 것이다. 여러 세기에 걸쳐 줄기차게 이어지고 있는 성모님의 발현을 본 사람들은 하나같이 스무 살도 채 안 되어 보이는 성모님의 아름다움에 감탄한다.

2천 년을 사셨어도 젊고 아름답고 우아하며 거룩하신 어머니의 현존은 죽을 운명으로 태어난 우리들에게 얼마나 희망찬 또 다른 복음인가 싶다. 누구도 이와 같은 은혜로운 일들을 복잡하

게 만들어 하늘나라를 느끼고 깨닫는 일을 어렵게 만들어선 안
될 것이다.

4백여 년 전 멕시코 과달루페에서의 단 세 번의 성모님 발현
결과 불과 7년 만에 이교도였던 멕시코의 원주민 8백만 명이
천주교 신자가 되었던 일을 우리는 깊이 생각해볼 필요가 있다.

"사막에 샘이 터지고 황무지에 냇물이 흐르리라"_{이사 35,6}

"그곳에 크고 정결한 길이 훤하게 트여 '거룩한 길'이라 불리
리라. 부정한 사람은 그리로 지나가지 못하고 어리석은 자들은
서성거리지도 못하리라. 사자가 얼씬도 못하고 맹수가 돌아다
니지 못하는 길, 건짐 받은 사람만이 거닐 수 있는 길, 야훼께서
되찾으신 사람이 이 길을 걸어 시온산으로 돌아오며 흥겨운 노
래를 부르리라"_{이사 35,8-10}

누구에게나 앞서 말한 절박한 시간이 오고 있는데, 영세를 했
으면서도 미사 한 번 안 가고, 세속의 삶 속에 깊이 묻혀 시간이
없다고 하면서 신앙생활에는 흥미도 관심도 없이, 마치 쓸데없
는 일인 것처럼 도외시하는 사람들, 주님의 희생과 죄 없는 죽
음과 묻히심과 부활의 삶은 마치 없었던 일이라도 되는 것처럼
생명의 주님을 망각하고 사는 사랑하는 아들딸들에게 참 생명
의 일을 어떻게 일깨울 것인가 아득하기만 하다.

결국 구더기를 요로 깔고 벌레를 이불로 덮게 될 인간 운명에서 탈출하고자 어떤 노력도 안 해보는 대개의 사람들! "내가 길이요 진리요 생명이다" 하신 말씀의 뜻 한 번 마음 깊이 새겨보지 않고 사는 삶은 얼마나 철없는 것이며 안타까운 것인가.

살다가는 죽는 것이며 죽어서는 묻히는 것이며 묻혀서는 썩는 것이 마땅한 일이라도 되는 것처럼 그렇게 살다가 죽어갈 내 사랑하는 형제자매와 아들딸들에게 주님께서 자캐오에게 다가가셨듯이 그렇게 저들을 불러 일깨워주셨으면 얼마나 좋을까 싶다.

그러나 저들에게는 자캐오처럼 주님을 뵙고자 하는 열망이 없는 것이다. 주님께서 오시는 길을 앞질러 가서 돌무화과 나무에라도 올라가 주님을 한 번 뵙고자 하는 그런 열망 말이다. 야곱의 우물에서의 사마리아 여인처럼 "그 물을 저에게 좀 주십시오" 하는 목마름도 없다.

"주님 저들을 불쌍히 보시고 저들에게 목마름과 배고픔을 일으켜주시어 저들이 주님을 찾게 하여주소서!"

그리스도를 통한 만남이 아닌 어떤 만남도 시한적인 불완전한 만남이 되고 만다. 그러나 인류의 구원사는 진리, 생명이신 예수 그리스도의 다시 오심을 통한 새 하늘, 새 땅에서의 건전

한 만남을 향하여 교회 안팎의 배교와 오류의 범람에도 불구하
고 줄기차게 나아가고 있는 것이다.

누룽지와 선악과

어느 날이었다. 세 살짜리 누이동생이 또 뒷집 남이와 '차돌이'를 짰다는 것이다. '차돌이를 짰다'는 것은 누룽지 뭉치나 시루떡 따위를 가지고 있는 것을 알아차린 상대가 남의 것을 날쌔게 탁 낚아채 가도 서로 아무런 이의가 없다는, 철없는 그 또래들 간의 일종의 상호탈취승인 같은 것이었다.

상대방이 무엇을 손에 들고 있건 그것을 본 즉시 재주껏, 힘껏 채가면 바로 그 사람 것이 되어버린다는 그런 터무니없는, 새끼손가락을 걸고 맺는 계약이다. 백전백패할 세 살짜리 누이동생이 무슨 승산이 있다고 나보다도 나이가 많은 뒷집 남이와 '차돌이'를 짰는지 모를 일이었다. 벌써 몇 번째인지 모른다.

그때마다 그게 사실이냐고 애가 타서 물으면 누이동생은 흰 앞치마 주머니에 손을 꽂은 채 고개만 끄덕끄덕하는 것이었다. 아마 여섯 살 무렵이었던 나는 그럴 때마다 남이가 미워지고 누이동생은 땅이 꺼지게 걱정이 되는 것이었다. 그것을 무효화하는데 남이에게 내가 치러야 하는 굴욕적 보상은 만만한 것이 아니었다. 먹을 것도 주고 내가 가진 무엇이라도 주어서 무효화해야만 마음이 놓였다.

어린 시절 내가 남모르게 애태웠던 일이 바로 이런 일이 아니었을까 싶다. 아홉 남매의 맏이로 이 나이 들도록 철없는 동생들의 일로 애태우며 살아온 한생이 아니었는가 싶은 것이다.

일생 글만 쓰며 사는 친구 한 사람이 주식투자에 맛 들인 그의 아내에게 당신 가진 돈의 범위 내에서 재미삼아 해보는 건 좋지만 원고지 칸 메워 알탕글탕 모아놓은 나의 그 돈에는 손댈 생각 말라고 단단히 당부해두었다는 것이다.

그런 그를 꽤 오랜 세월이 지난 어느 날 만났을 땐 어딘가 힘을 잃은 것 같은 시무룩한 얼굴을 하고 있었다. 아내가 온 집안을 엉망으로 만들어놨다며 투덜투덜대는 것이었다. 딱해서 캐

묻지는 않았지만 아마 그 원고지 칸 메워 번 그 돈도 조금은 손해를 본 것 같은 눈치였다.

얼마나 많은 사람이 허욕에 끌려 재미 좀 보려다가 함정에 빠져 귀한 가족들까지 끌고 들어가 허우적거리게 되는지 생각해 본다. 안타까운 일이 아닐 수 없다.

욕심이 불러일으키는 절제 없는 자유의지의 남용이 마침내 큰일을 내는 경우가 세상에는 적지 않다. 사람들은 거의 모두 제딴의 욕심에 끌려 생애에 적어도 몇 번씩 주제넘은 일들을 저지르며 살아오는 것이 아닌가 싶기도 하다.

"이 동산에 있는 나무 열매는 무엇이든지 마음대로 따 먹어라. 그러나 선과 악을 알게 하는 나무 열매만은 따 먹지 말아라. 그것을 따 먹는 날, 너는 반드시 죽는다"창세 2,16-17

아직 죽어보지 않아서 '죽는다'는 것이 무엇을 뜻하는지 몰랐기에 하와는 뱀의 꼬임에 넘어가 철없이 선악과를 따 먹은 것일까? 아무튼 하느님께서도 못 말린 인간 자유의지의 남용은 이렇게 시작됐고 오늘에 이르기까지 끊이지 않고 있는 것이다.

한번 해본다고 한 것이 그만 수습할 수 없게 돼버린 경우가 얼마든지 있다. 그런가 하면 영 글러 버린 줄 알았던 일이 오히려 잘 수습되고 발전한 예도 있어 여기 소개한다.

"날이 저물어 선들바람이 불 때 야훼 하느님께서 동산을 거니시는 소리를 듣고 아담과 그의 아내는 야훼 하느님 눈에 뜨이지 않게 동산 나무 사이에 숨었다. 야훼 하느님께서 아담을 부르셨다. '너 어디 있느냐?'

아담이 대답하였다. '당신께서 동산을 거니시는 소리를 듣고 알몸을 드러내기 두려워 숨었습니다' '네가 알몸이라고 누가 일러주더냐? 내가 따 먹지 말라고 일러둔 나무 열매를 네가 따 먹었구나!' 하느님께서 이렇게 말씀하시자 아담은 핑계를 대었다.

'당신께서 저에게 짝지어 주신 여자가 그 나무에서 열매를 따주기에 먹었을 따름입니다' 야훼 하느님께서 여자에게 물으셨다. '어쩌다가 이런 일을 했느냐?' 여자도 핑계를 대었다. '뱀에게 속아서 따 먹었습니다'

야훼 하느님께서 뱀에게 말씀하셨다. '네가 이런 일을 저질렀으니 온갖 집짐승과 들짐승 가운데서 너는 저주를 받아, 죽기까지 배로 기어 다니며 흙을 먹어야 하리라. 나는 너를 여자와 원수가 되게 하리라. 네 후손을 여자의 후손과 원수가 되게 하리라. 너는 그 발꿈치를 물려고 하다가 도리어 여자의 후손에게 머리를 밟히리라'"창세 3,8–15

하느님께서는 말씀을 어기고 마음에 딴살림을 차린 아담과 하와를 당신의 동산에서 내쫓으시었다.

"동쪽에 거룹들을 세우시고 돌아가는 불칼을 장치하여 생명 나무에 이르는 길목을 지키게 하셨다"^{창세 3,24}

이렇게 하느님께서는 크게 글러 버린 일을 완전하게 수습하시어 이제는 뱀 따위의 속임수에 넘어가지 않을, 오히려 그 뱀의 머리를 밟고 설 참된 '여인의 후손'을 우리에게 주신 것이다.

그 똑똑하신 우리의 새 조상인 '여인의 후손'은 스스로 이렇게 말씀하시며 당신을 드러내시는 것이다.

"내게 부여된 유일한 특은에 의해 원죄로부터 보호를 받은 나는 '은총'이 충만하였다. 비록 소죄라 할지라도 한평생 단 한 순간도 죄가 내 영혼을 스쳐 간 적은 결코 없었다. 언제나 빛과 아름다움과 순결이 충만한 영혼이었다. 모든 영혼은 하느님의 신적 본성에 참여할 정도로 영적으로 드높여져서 지존하신 성삼의 빛을 반사하도록 창조되었다.

그러나 너희가 알아두어야 할 것은 흠 없이 깨끗한 거울로서 너희 천상 어머니의 영혼만큼 성부와 성자와 성령의 찬란한 광휘를 완전히 반사할 수 있는 영혼은 달리 없다는 점이다. 정신과 마음과 영혼의 완전한 순결이라는 귀한 순결의 빛에 온통 감싸여 있었던 것이다"^{곱비신부를 통한 성모님 말씀}

뱀이나 악령 따위가 찌를 데 하나 없이 완벽한, 영원히 동정이시며 원죄에 물듦이 없이 잉태되어 나시고 2천 년 긴 세월을 살아오시면서도 티 하나 없으신 성심의 어머니 마리아의 깊은 사랑의 말씀에 새 생명으로 새 세상을 살고자 하는 사람들이라면 누구나 흐트러진 마음을 여미고 마음의 귀를 기울여야 할 때라는 생각이 든다.

게임 소프트와 외할아버지

아들의 차를 빌려 타고 어딘가 가고 있던 참이었다. 김 팀장
이라는 분이 운전기사 역할을 해주었다.

김 팀장이 휴대폰으로 걸려 온 전화를 받으며 "누구? 윤승
욱…?" 하는 것이었다. 뒷자리에 앉아있던 나는 무슨 전화일까
궁금했다. 그 윤승욱은 초등학교 3학년짜리 내 외손자였기 때
문이다.

한참 대화를 하고는 전화를 끊었다. 김 팀장에게 까닭을 물었
더니 며칠 전 승욱이의 바로 위 누나의 졸업식에 갔을 때, 모두
가 졸업식장에 들어가고 없는 사이 단둘이서 휴대폰에 깔린 게

임을 즐긴 일이 있었다는 것이다. 그런데 오늘 갑자기 전화가 걸려 와 그 게임 소프트를 어디서 얼마에 구입했는지 꼬치꼬치 묻더라는 것이다.

아 그랬던가! 언제부터인지는 모르지만 나는 거의 매일같이 그 녀석에게 하루 한 번씩 전화를 건다. 그런데 상당히 긴 세월 동안 그 녀석으로부터 전화가 걸려 온 일은 한 번도 없었다. 그런 그 녀석이 단 한 번 만난 김 팀장의 전화번호는 어디서 알았는지 전화가 걸려 왔다는 것이다.

그 녀석에게는 우연히 한 번 즐겼던 게임 소프트가 이 외할아버지보다 훨씬 소중하고 또 아쉬웠던 모양이었다. 예정에 없던 게임 소프트와의 일전에서 완전히 참패를 당한 것이다.

내 아들딸이나 손자 손녀들이 저마다의 잔재미를 찾아서 나를 떠나갔듯 우리도 우리를 지어주신 하느님으로부터 점점 더 멀어져 가는 것이 아닐까.

나는 곧잘 "나는 길이요 진리요 생명이다"라고 하신 주님의 말씀을 떠올려 생각해 보곤 한다. 주님께서 그저 30대의 청년일 뿐이었다면 이런 말씀을 할 수 있었을까.

창조의 의미, 만물의 시작과 끝, 인간의 존재와 가치, 생과 사… 그 모든 것을 잘 아시는 분, 모르는 것이 없는 분이 아니면 이런 말씀을 할 수가 없었을 것이다.

피조물인 한 인간이 지어내거나 꾸며댈 수 있는 그런 범위에 속하는 말씀은 결코 아니라는 생각이 든다. 그분께서 오직 한 분 진리이시고 생명이시며 길이시기에 어김없이 가려면 이 길뿐이다. 그런데도 세상엔 '진리'라고, '생명'이라고, '길'이라고 우겨대는 것들이 얼마나 많은가! 그러나 짧고 명료하게 "길이요 진리요 생명"이라고 선언하시며 우리를 부르시는 분은 오직 예수 그리스도 한 분뿐이다.

우리는 처음부터 떨어져나오지 말았어야 할 참생명으로부터 떨어져나와 참생명 아닌 것과 결합하고 어울려서 참생명을 망각하고 살고 있는 것이다.

90년대 초반, 멕시코에서 큰 지진이 났던 적이 있었다. 그때 미국에 있었던 나는 매일 같이 TV 화면을 통해 현장을 목격할 수 있었다. 상당히 광범위하게 경사진 언덕의 주거지대가 폭삭 무너져서 온 도시가 형태도 알아볼 수 없이 완전히 파묻혀 버렸다.

흐트러진 잔해 속에서 진행되는 구조작업이 어찌나 더딘지 화면 속의 장면들은 뿌연 먼지와 함께 무더위 속에서 딱하게만 비춰지고 있었다. 그렇게 몇 날이 지나자 화면 속에서 움직이는 사람들은 저마다 입과 코를 두툼한 천으로 가리고 등장하는 것이었다. 파묻힌 사람들의 시신이 어느새 부패하고 있어 냄새가 심하게 나는 모양이었다.

그런 딱하고 안타까운 화면에 세상 사람들이 잘 아는 성악가 한 분이 나타났다. 그도 입과 코에 수건을 두르고 먼지투성이가 되어 등장했지만 그가 누구인지는 바로 알 수 있었다. 휜칠하게 큰 키에 까만 턱시도 차림으로 화려한 무대 위에서 풍성한 성량으로 수많은 청중을 휘어잡던 테너 가수 '플라시도 도밍고'.

얼마나 헤맸는지 몹시 지쳐있는 것 같기도 했고 벌어져 있는 일에 놀라고 겁먹은 것 같기도 했다. 이미 누군가를 구조할 수 있는 시간은 지났기에 지금 그는 땅 아래 깔려있는 죽은 누군가를 찾고 있는 것이 분명한 것 같았다.

가족 중의 누구일까? 친구 중의 한 사람일까? 세상을 주름잡는 예술가인 그도 어찌할 수 없는 죽음 앞에서 몸부림치고 있는 것이다. 세상에서는 더 바랄 나위 없이 모든 것을 다 이루었다고 할 수 있는 그도 가까운 사람 하나를 죽음에 내어준 아픔은 참으로 큰 것이었으리라.

세상 사람들은 거의 다 예외 없이 '게임 소프트'와 같은 저마다의 놀이에 빠져 죽음을 망각하고 살다가 어느 날 갑자기 억장

무너지는 죽음과 맞닥뜨리게 되는 것이다.

그런 우리들을 참 생명의 길로 이끄시려고, 성모님은 이 시대에도 세계 여러 곳에서 당신을 초자연적인 방법으로 보여주시며 말씀과 표징들로 우리를 일깨워주고 있다.

수 세기 전 1600년대에는 성모님께서 스페인의 한 수녀원장이던 당신의 사랑하는 딸을 통해 온 세상에 말씀을 선포해 주셨다. 이때는 프리메이슨이 다시 활동을 시작하기 전이어서 성모님의 말씀이 굴절 없이 여러 대에 걸친 교황님들과 성직자들, 신학교 교수들 그리고 많은 수도원을 통해 온 세상에 장엄하게 선포되었다.

"죽음과 그 후의 심판에 대하여 망각해버리는 것처럼 크고 나쁜 오류는 없다. 그 오류의 문을 통하여 죄가 세상 속에 들어온 것을 생각하여라!

뱀이 처음 하와에게 한 말은 '너는 죽지 않을 것이며 그것을 생각할 필요는 없다'^{창세 3.4}라는 것이었다. 우리는 언제나 이렇게 속아 죽음에 대하여 생각하지 않고 세속에만 연연하여 살아간다. TV 연속극 보다가, 축구 야구 농구 등 스포츠 중계에 열광하다가, 오락프로 따위에 넋이 빠져있다가 어느 날 아무런 준비 없이 홀연히 죽어가는 사람들이 대단히 많은 것이다. 이와 같은 결말을 피하려면 너희의 죽음이 돌이킬 수 없는 것이라는 사실을 명심하여라"

"너희는 하느님으로부터 많은 것을 받고 조금밖에는 갚지 않았다는 것, 은총이 많으면 많을수록 심판은 더 엄해진다는 것, 주님의 은총은 언제나 어디서나 어떤 상황에서도 주어지고 있다는 것을 잘 생각하여라"

"죽음을 망각하고 속아 살다가 죽어갈 사람들아! 무엇을 하고 있느냐. 무엇 때문에 살고 있느냐. 우리들 인생의 목적은 하느님과 마주하여 만나 뵙는 것이고 하느님의 영원한 영광과 함께하는 것이라는 것을 실감하고 있느냐! 만일 너희가 이 참된 축복과 행복을 놓친다면 무엇을 구하겠느냐? 이 세상의 고통은 짧고 그 보수는 무한한 영광이다. 그러나 반대로 벌은 영원하다. 그것을 명심하여라!"존자 아그레따 마리아를 통한 성모님의 말씀에서

우리 어머니

온 땅을 적시는 소낙비같이
그렇게 우셔야 할 크신 설움을

풀잎 하나의 흐느낌같이
소리없이 우신 우리 어머니.

사람들이 아들의 옷을 벗길 때에도
속으로만 말없이 우셨더니라.

봄날 목련꽃이 활짝 피어나듯
그렇게 웃으실 크신 기쁨도,

—죽었던 아들이 살아난 기쁨도,

한 그릇 물의 고요함같이
그렇게만 웃으신 우리 어머니.

성당 동편 담 쪽에
언제나 흙먼지 뒤집어쓰시고
철없는 아들딸의 절 받으시며

이른 새벽이나, 늦은 밤이나
웃으며 반기시는 우리 어머니.

검정 옷 한 벌

절망 곁에 있어준 사람들

30대 초반 회사를 나와 멋모르고 '드라이아이스' 제조업에 손을 댔다가 그만 낭패를 본 일이 있었다. 결국 길바닥에 붙어있는 방 한 칸 부엌 한 칸의 집에서 세 아이와 우리 내외가 살게 되었다.

방에 누워있으면 길 가는 사람들의 발자국 소리가 벽 하나를 사이에 두고 쾅쾅 울려오는 것이었다. 방에 누워있는 것인지 길바닥에 누워있는 것인지 분간이 안 되는 그런 집이었다.

그런 집에도 도둑이 들어서 아이들과 동요를 듣곤 하던 휴대용 소형전축까지 가져가 버린 것이다. 엎친 데 덮친 격으로 내

동생에게 돈을 빌려주었다는 사람들이 여럿 찾아와서는 피를 말리는 빚 독촉을 했다.

한숨 돌리는 유일의 피난처가 여섯 살 난 아들 녀석과 대중목욕탕에 가는 일이었다. 목욕탕에서 마주앉으면 이때라고 느껴지는지 이 녀석이 슬그머니 목소리를 낮추어 "아빠, 언제 그 사람들이 안 와?" 하며 내 눈치를 살피는 것이다.

그러다가 또 한 번 옮겨간 간이아파트에서 살 때는 연탄가스를 마시고 온 식구가 다 죽을뻔한 일도 겪었었다. 열흘 동안 먹고 살 계획도 잘 안 서는 그런 나날이었다. 그런 줄도 모르고 책가방을 메고 학교에 가는 아이들을 물끄러미 바라보며 나는 소리 없이 여러 차례 울었다.

나의 일생 중 가장 어렵던 그 무렵 다섯째 동생이 Y대 경영학과에 다니고 있었다. 새 학기마다 납입해야 하는 등록금 때문에 꽤나 고생했었다. 완전히 망해버린 사람에게 누가 돈 한 푼 꿔줄 리 없었다. 그러나 학교 측에서는 고맙게도 한두 차례는 연기해주고 순순히 기다려 주었다.

그러나 세 번째 연기허가는 나의 힘만으로는 부족했다. 어쩔 수 없이 국립도서관 높은 사람인 중학교 때 친구를 찾아가 매달릴 수밖에 없었다. 친구 덕에 아슬아슬하게 세 번째 연기를 받고 나면 목이 타는 마지막 등록금 전쟁이 시작되는 것이다.

그런데 이상하게도 그때마다 그 '삼십만 원'을 빌려주던 분이 계셨다. 시골 처가동네에서 오신 '띠밭머리 아저씨'였다. 가까운 사람들도 모르는 체 외면해 버리는 때, 받아낼 아무 보장도 없는 거금을 빌려주는 것이었다. 갚고 나서도 오래도록 고마운 돈이었다.

일본 동경의 한복판에 '이냐시오' 성당이 있다. 이곳에는 여러 해 동안 여섯 시 새벽 미사만을 혼자 맡아서 해오신 독일계 '치즈리크' 신부님이 계셨다. 60여 년 전 열여덟 살 때 고국 독일을 떠나 배타고 여러 나라를 돌고 돌아 일본 선교를 위해 부임하신 예수회 신부님이시다. 60년 동안 일본에 사시면서 한 번도 고국에 다녀온 일이 없으시단다. 신부님의 어머님이 돌아가셨을 때도 가지 않았다는 것이다. 곧 천국에서 만날 텐데 꼭 가봐야 할 필요가 있겠는가 하는 생각이셨다.

신부님의 일본 순교자들에 대한 애정은 남달랐고 이에 대한 그분의 연구저서들은 성서학자들 사이에서도 정평이 나 있었다. 미사 후 더러 식사에 초대하면 별일이 없는 한 기꺼이 잘 응해주셨다. 당신의 이름이 생각나지 않으면 식탁에 놓인 '치즈'를 생각하면 된다는 등 가끔 농담도 잘하셨다.

그런 그분이 일본에서 가까이해온 사람들이란 잘난 사람들이 아니라 새벽 미사에 참석하고 별말 없이 돌아가곤 하는, 세상눈으로 보면 어딘가 조금은 모자란 듯한 조용한 내심의 사람들이거나, 아니면 이 세상 떠난 지 오래된 순교자들이거나 그 후손들인 것이다.

　언젠가 한번은 누렇게 빛바랜 초라한 소녀의 사진 한 장을 조심스레 꺼내 보여주면서 "성인입니다" 하시는 것이었다. 2차대전이 끝날 무렵 신부님이 '히로시마'에 계셨을 때, 그곳에 징용으로 끌려온 조선 사람들과 그 가족들이 꽤나 살고 있었는데 그들이 더러는 세례를 받고 천주교 신자가 되기도 했다는 것이었다. 어떤 사람은 본명을 부르기 쉬운 '빌라도'로 해달라는 사람도 있었다면서 소리 내어 웃으셨다.

　사진 속의 소녀는 그 무렵 영세한 조선 소녀였다. 일본말 기도문을 따라 읽히며 영세시켰다는 것이다. 그 소녀를 포함한 많은 사람들이 '히로시마'에 원폭이 떨어지던 날 폭사했다. 영세하고 죄없이 죽어갔으니 성인이라는 것이다. 말없이 흔적도 없이 죽어간 소녀의 사진 한 장을 긴 세월 소중히 간직했다가 같은 조선 사람인 나에게 보여주려고 챙겨온 것이었다.

　치즈리크 신부님은 재작년 돌아가셨다. 신부님께서 그토록 그리던 하늘나라에서 어머니와 순교자들과 지난날 영세시켰던 조선 소녀랑 기쁘게 만났을 것이다.

  예수께서는 병들고 가난한 사람뿐 아니라, 부자라 하더라도 멸시와 냉대 속에서 인간다운 삶을 목말라 하는 사람들 곁에도 계셨다. 사마리아 여인에게도, 돈 많은 세관장 자캐오에게도…
  "분명히 말한다. 너희가 여기 있는 형제 중에 가장 보잘것없는 사람 하나에게 해준 것이 바로 나에게 해준 것이다"마태 25,40

큰딸의 큰아들과 작은딸의 둘째 딸

내 작은딸의 둘째 딸 혜정이는 고개가 항상 오른쪽으로 갸우뚱 기울어져 있다. 누워있을 때 말고는 서 있을 때나 앉아있을 때나 할 것 없이 그렇다. 그럴만한 무슨 일이 있는 것도 아닌데 어려서부터 그렇게 한 15도쯤 갸우뚱한 것이다.

중학생이 되어서도 달라지지 않는다. 왜 그것이 나에게는 그렇게 귀엽고 정겹게 느껴지는지 모르겠다. 또 이 아이의 울거나 웃는 감정표시 또한 싱그럽다.

너무 큰소리로 웃는다고 제 어미의 나무라는 눈총을 받으면 그 웃음을 참으려다 더 커지는 웃음을 주체못하고 나뒹구는 몸

부림이 볼만하다. 야단이라도 맞으면 제 딴에는 억울하다고 얼굴이 빨개져서 우는 소리로 얼버무리며 질러대는 항변 또한 볼만한 구경거리다.

또 인정이 있어서 곧잘 제 외할머니에게 전화를 걸어온다. "할머니, 왜 우리집에 안 오세요? 언제 오세요? …네, 기다릴게요" 한다. 집사람 생일에는 제 언니, 동생과 함께 용돈까지 거출하여 꽤 쓸만한 브로치를 사왔더라고 집사람이 싱글벙글이었다.

얼마 전 수녀님 한 분이 작은딸 집에 다녀간 일이 있다. 그때 이 둘째 손녀가 수녀님을 얼마나 따르며 좋아하는지 신나는 이야기판이 벌어졌다. 무슨 얘기였을까? 지금껏 잊혀지지 않는 것은 수녀님이 정색하고 둘째 손녀와 새끼손가락 걸며 무엇인가 서로 다짐하던 일이다.

수녀님께선 네가 커서 꼭 수녀가 되라고, 손녀는 그렇게 하겠노라고 한 그런 다짐이 아니었을까 짐작해본다.

내 큰딸의 큰아들 성우가 세 살 때던가 짧은 멜빵청바지를 거의 목 언저리까지 추켜 입고서는 아래턱을 거듭 떨며 무슨 일로인가 몹시 울던 일을 나는 기억한다. 그 모습이 얼마나 안쓰럽게 느껴지던지 그 아이가 자라 대학생이 되었는데도 지금껏 그

연민의 정을 지울 수 없고 가끔 그 일이 떠오른다.

그가 초등학생 때 어느 할머니 수녀님께서 내게 주신 신약성서 한 권을 그에게 선물로 주었는데 초등학교 졸업 전에 벌써 그 성서를 두 번이나 읽어 깜짝 놀란 일이 있다. 내가 읽으라고 한 것도 아니고 제 부모도 그다지 열심쟁이 신자는 아니었다. 무슨 힘이 그로 하여금 그렇게 책갈피가 닳도록 그 책을 읽게 했을까 두고두고 속 재미가 나는 것이다.

손자 손녀의 이런 일들을 보면서 혹시 성소가 아닐까 본인들 몰래 슬그머니 기대를 걸어본다. 이렇게 손자 손녀의 성소를 생각하다 보니 이제까지와는 또 다르게 신부님 수녀님들께 새로운 친근감을 맛보게 된다. 그뿐 아니라 그분들의 할머니 할아버지와 부모들께도 짐작 못 했던 애틋한 정이 가는 것이다.

그러면서 모든 성직자 수도자들이 서로에 대한 깊은 신뢰와 사랑을 가지고 기쁘게 살아주기를 기원하게 된다. 십자가의 길에서의 주님과 성모님처럼 고통이 커질수록 오히려 사랑과 신뢰를 깊게 하며 더욱 일치하여 살아가 주기를 바라는 것이다.

나는 내 손자 손녀들의 우는 모습을 사랑한다. 그 우는 모습들을 떠올리며 눈감고 입 다문 나의 죽은 모습도 떠올려본다. 나의 할아버지께서 돌아가신 지난날, 관뚜껑 사이로 보이던 초췌한 수염의 할아버지 모습이 떠오른다. 누구에게나 어김없이 닥칠 죽음의 비참한 자기 모습을 깊이 느끼며 살아갈 때 모든 만남은 새로 시작되고 참된 화해와 일치도 생겨나지 않을까.

　주님께서 세상에서 사시는 동안 기쁘게 웃으셨다는 말을 들은 일이 없다. 예루살렘을 멀리서 바라보며 우셨다는 기록은 있다. 얼마나 고달픈 삶이셨던가. 성모님께서도 기쁘게 환히 웃으셨다는 말씀은 없고 눈물과 피눈물을 흘리며 우셨다는 말씀은 많이 들어왔다. 세상 모든 자녀들의 죽음을 환히 들여다보고 계셨기 때문이 아니었을까.

　서로를 적대시하며 자기만을 챙기는 세상을 이분들의 사랑의 눈물로 물들여 볼 수 없을까! 무지갯빛, 하늘빛 사랑의 눈물을 온 세상에 소나기처럼 한번 쏟아부어 볼 수 있으면 좋겠다.

　주님께서 세상에서 사시는 동안 오랜 병고와 가난에 시달려온 불쌍한 사람들을 사랑해주시고 치유해주셨다. 앉은뱅이, 나병환자, 혈우병 여인, 죽었던 소년과 거지 라자로 등 긴 세월 울며 서럽게 살아온 사람들을 특별히 더 많이 사랑해주셨다.

　우리 삶이 힘겹고 서럽고 고통스럽다면 그만큼 주님으로부터 사랑받을 수 있는 희망이 더 있다는 것이다. 서럽게 우는 손자의 모습이 오래 기억되며 마음에 남듯…

주님께서 이 땅에서 사셨던 긴 세월 동안에도 아버지 하느님께서는 예루살렘을 내려다보며 우시던 주님을, 당신께서 달리실 형틀의 무게에 짓눌리시며 골고타 언덕을 힘겹게 올라가시던 주님을, 피조물인 인간들로부터 살이 묻어나는 옷 벗김을 당하시며 묵묵히 당신을 내어주던 주님을, 온몸의 피를 다 쏟으시며 죽어가던 가장 비참했던 때를 그 어느 때보다 더 깊이 사랑하셨을 것이라는 생각을 한다.

"복을 받으려거든 먼저 네 생활이 비참한 데까지 가 있는가를 생각하여라. 고통은 은총이며 보약이다" 이렇게 말할 수 있을 것 같다.

키만 좀 커도 우쭐거리고 돈만 좀 있어도 뻐기고 조금만 더 배웠어도 으스대는 인간들 앞에 '말씀'께서 아무것도 아닌 것처럼 당신을 내어주실 때 하느님께서는 얼마나 애틋한 정으로 아드님을 보셨겠는가! 세상에서 가장 억울한 일을 당해보신 분이 주님이시고 수많은 사람들로부터 버림을 받은 분이 주님이시며, 십자가의 길에서 울 수도 없이 숨 막히게 내몰리신 분이 주예수 그리스도이시다.

아브라함은 이삭을 제물로 바쳤지만 이삭은 피 한 방울 흘리지 않았고 아브라함도 피 한 방울 보지 않았다. 그것이 하느님의 뜻이었고 사랑이셨다. 그러나 하느님 당신께서는 빌라도의 뜰에서, 골고타 언덕에서, 갈바리아산상에서 얼마나 많은 아들 예수의 피를 보았던가!

이와 같은 하느님의 사랑과 주님의 사랑을, 또 세상 자녀들을 위하여 가장 많은 눈물을 흘리신 성모님의 사랑을 수용한 수도 원에, 그리고 그곳에서 생활하는 사람들의 마음 안에 그와 같은 사랑이 녹아있는 그런 수도원에 작은딸의 둘째 딸도 큰딸의 큰 아들도 기쁜 마음으로 보내고 싶은 것이다.

검정 옷 한 벌

수녀님!
검정 옷 한 벌
거저 입으신 게 아니시지요.

조촐한 봇짐 챙겨 드시고,
아무 생각 없는 듯 어금니만 지그시 물고
살던 집 조용히 떠나시던 날
돌아누운 어머니 한밤중에 일어나
딸이 비우고 간 빈방에서
얼마나 목메어 울었을거나.

"너희는 이것을 받아먹어라"
"너희는 이것을 받아 마셔라"

어느 새벽이었을까.
딸과 어머니가 서로 다른 자리에서
뼈가 녹는 감사의 눈물을 흘리신 것은……

수녀님!
검정 옷 한 벌
거저 입으신 게 아니시지요.

열다섯 살 누이동생

1958년이던가. 그 무렵 몇 해 동안은 우리 동네 학동 사람들에게는 몹시 배고픈 해였다. 그중에도 어느 해엔가는 온 동네 사람 거의 모두가 산에서 뜯어온 쑥으로만 연명했다. 두 외래 사조가 이 마을을 사이에 두고 부딪치는 바람에 인명과 재산뿐 아니라 이제까지 이어져 온 생활 문화 전반에 타격을 받아 마을의 보상받을 수 없는 피해가 이만저만한 것이 아니었다.

밤에는 '인민공화국' 낮에는 '대한민국'이었다. 산에 숨어있던 '빨치산'과 그 보조 부대들이 대창과 멜빵으로 무장하고 밤새 온 동네를 뒤지며 털어가고 나면, 해가 높이 떠올라서야 그들을 소

탕한답시고 헛총질하며 '대한민국'은 나타나는 것이었다. 유교
적 생활문화에 젖어 수백 년을 살아온 사람들이 두 외래 사조의
파도에 떠밀려 표류하면서 저마다 제 얼굴을 잃어버린 듯 난장
판이 되었고 그것이 쓸고 간 뒤의 상처들과 가난, 배고픔은 참
담한 것이었다.

어렵게 거둔 밭농사 논농사의 수확을 모두 빼앗긴 사람들은
빈 마당에 서서 넋 잃고 하늘만 쳐다보는 참상이었다.

땅거미 지는 저녁나절 산에서 쑥을 뜯어 이고 지고 돌아오는
행렬 속에는 그때 열다섯 살이던 내 바로 밑 누이동생도 끼어
있었다. 어린 것이 얼마나 악착스럽게 뜯었는지 미어터져 나올
정도로 꽉 채운 마대자루를 이고, 배고프고 지쳤을 텐데도 성큼
성큼 걸어오던 그 광경이 지금도 눈에 선하기만 하다. 다급해지
면 사람은 흙만 아니면 무엇이든 먹어내는가 싶은 생각이 드는
그런 세월이었다.

그 미친 세월이 가고 잠잠한 생활이 되돌아온 어느 날부턴가
우리 동네 학동에는 더러 대밭을 스쳐오는 바람결에 낯선 찬송
가 소리가 들려왔다. 홀로 된 집안 형수씨 한 분이 입술 한쪽이
꽤 두둑하게 부어오른 전도사님과 함께 이끄는 조촐한 예배 모
임에서였다. 그 형수댁 할아버지께서 생전에 거처하시던 높은

언덕에 있는 '산정'이 임시 예배당이 된 셈이었다.

어머니 말씀이 내 누이동생도 그 모임에 거의 빠짐없이 나간다는 것이었다. 어머니 가늠으로는 쌀도 더러 퍼다주는 것 같다고 했다. 어느 날이었던가는 내 나름으로 이대로 두어서는 안 되겠다 싶어 거의 사정 안 두고 누이동생을 죽도록 패버린 일이 있었다.

그러면서도 누이동생이 갖다 놓은 설교집을 몰래 뒤적이다 십자가, 보혈, 부활이 기독교의 삼대요소三大要素라는 등의 설교에 끌려 결국 나도 그 '산정'의 예배 모임에 참석하게 되었다.

내 주의 보혈은 정하고 정하다.
내 죄를 정케 하신 주 날 오라 하신다.
내가 주께로 지금 가오니
골고타의 보혈로 날 씻어 주소서.

약하고 추해도 주께로 나가면
힘주시고 내 추함을 곧 씻어 주시네.

날 오라하심은 온전한 믿음과
또 사랑함과 평안함 다 얻게 함일세.

큰 죄인 복 받아 살길을 얻었네

한없이 넓고 큰 은혜 베풀어주소서.

그 피가 맘 속에 큰 증거됩니다

내 기도 소리 들으사 다 허락하소서.

찬송가 254 내 주의 보혈은

처음 불러보는 찬송가였지만 가사 한마디 한 절이 감미로운 곡조와 함께 마음속 깊이 사무쳐오는 것이었다. 고등학교를 갓 졸업한 스무 살 나이에 무에 그리 깊은 슬픔이 있을 것 같지도 않은데 처음 찬송가를 부르던 그날 나는 얼마나 많은 눈물을 쏟았는지 모른다.

슬퍼서 흘린 눈물은 결코 아니었다. 바닥을 알 수 없는 깊은 감사의 늪에서 한없이 솟구쳐오는 그런 눈물이었다. 고요하고 끝없이 잠잠한 바다 위를 상쾌하게 달리는 배에 실려가는 느낌이었다.

그 많은 눈물, 콧물을 흘리면서 우는데도 가슴 가득히 밀려오는 감사와 감동의 느낌을 미처 다 삭여내지 못하고 있는 것만 같았다. 만족하고 만족한데도 더더욱 밀려오는 기쁨을 감당 못 해내는 것 같은 그런 느낌이었다. 사람은 꼭 슬퍼서만 우는 것이 아님을 그날 나는 새삼 깨달았다. 기쁨이 커도 사람은 울고 미처 다 감당 못할 감사함에도 사람은 울게 되는 것임을 처음 체험했다.

세월이 흘러 하나 있는 아들의 미국 유학생활을 돕기 위해 미국에 건너갔다가 오 년 만에 귀국했을 때 내 그 누이동생은 임파선 암을 앓고 있었다. 그녀는 언제부턴가 천주교 신자가 되어 있었다. 그녀가 숨을 거뒀을 때 많은 신자들이 수녀님과 함께 와서 여러 차례 연도를 바쳐주었다. 연도가 끝나면 으레 성가를 부르는 것이었다.

야훼 나의 목자 아쉬울 것 없노라

파아란 풀밭에 이 몸 누여 주시고
고이 쉬라 물터로 주 나를 이끌어 주네.

내 영혼 싱싱하게 생기 돌아나고
주님 영광 위하여 지름길 인도 하시네.

죽음의 그늘진 골짜기 간다 해도

주님 함께 계시면 무서울 것이 없도다.

내 원수 보는 앞에 상을 차려주시고
주께서 내 머리에 향기름 발라주시네.

한평생 은총이 이 몸 따르리니
오래오래 주님 궁 그 안에 사오리이다.

가톨릭 성가 50 야훼는 나의 목자

    누이동생의 죽음이 가져다준 슬픔과 절망은 이 성가를 통하여 나에게 또 하나의 부활의 신비의 깊은 강을 건너는 감동을 가져다주었다. 누이동생 장례식을 마치고 나는 집에서 가까운 연희동 성당을 찾았다.

    아버지와 할아버지들이 대를 이어 오래 살아온 옛집에 돌아온 것만 같았다. 조금도 낯설지 않은 포근한 내 집에 돌아온 것이다. 지금에 와서 내 누이동생의 가엾은 일생이 나와 우리 가족을 위한 산 희생제사가 아니었는가 싶은 생각이 든다.

복사꽃

졸리운 천년의 그늘에
복사꽃이 피었다.

피란길에 묻고 온 돌이가
옥색 대님 매고 여기 피었다.

홀로 된 누님이 말없이 서곤 하던
울가에 피었다.

어데서 잠겨 오는 피리 소린가.
어데로 잠겨 가는 피리 소린가.

복사꽃은 자꾸 꽃피고.
그렇게 너무 짙게 꽃피고.

'판길이' 아저씨

내가 나가는 연희동 성당 김정직 디오니시오 주임 신부님의 섭섭한 고별미사를 며칠 앞둔 추석 새벽 미사에서였다. 이날 아침의 미사는 연도를 바치고 나서 드리는 미사여서인지 어떤 무게가 실려 있는 듯한 엄숙함이 더 느껴지는 미사였다.

미사를 시작하시면서 신부님께서는 "모든 사람들에게서 잊혀진 영혼들을 위한 미사로 봉헌하겠습니다" 나지막한 그러나 마음이 깃든 목소리로 지향을 말씀하셨다.

잊혀진 영혼! 이 말씀을 듣는 순간 나도 모르게 '판길이'라는 뜻하지 않은 이름이 떠올랐다.

아~ 그 '판길이'의 영혼, 까마득히 잊고 있었던 뜻하지 않았던 그분의 일들이 잇따라 생각났다.

어찌 이 순간에 이제까지 한 번도 생각나지 않던 그분의 일이 떠오르는 것일까? 아득히 50년도 더 된 지난날의 기억을 더듬어 가며 이날의 미사에 잠겨 들어갔다.

'판길이' 이분은 내 고향 '학동'에서 읍내로 나가는 길로 한참 돌아나간 동네 어귀 외딴 집에서 살며 유리병에 든 사탕과 과자, 또 몇 가지 안줏감과 막걸리와 소주, 성냥 등속을 차려 놓고 파는 시골 '점방'의 어엿한 주인이었다.

우리 어머니의 말씀에 따르면 할머니와 친했던 '판길이'의 아내는 가끔 바느질감을 가지고 우리 집에 찾아온 일도 있는 꽤나 사는 집 아주머니였다고 한다. 그런 그 집안이 어찌 된 일인지 폭삭 망해 버리고 가족도 없이 누더기 옷을 걸치고 불에 그을린 깡통을 차고 절룩거리며 밥 얻어먹고 다니는 불쌍한 거지 할아버지 '판길이'가 된 것이다.

그 나이 든 불쌍한 거지 할아버지를 사람들은 어른이나 아이들이나 할 것 없이 그냥 '판길이'라고 불렀다. 짓궂은 아이들이 "판길이~" "판길이~" 하며 제 또래 친구 이름 부르듯 목청껏 부르고 달아나도 그저 무표정하기만 하던 '판길이'였다.

그런 그가 어디를 갔는지 긴 세월 동안 안 보이다가 으시시 추운 하얗게 서리 내린 어느 겨울 아침, 지난날 그가 살던 '점방' 집에서 얼마 안 떨어진 소나무 숲 속 소릿길에서 뻣뻣한 시체로 발견됐다.

떠돌아다니다가 차츰 몸에 힘이 빠지고 기운이 떨어져가자 지난날 가족들이랑 오손도손 살았던 옛집 가까이에라도 돌아와 숨을 거두고 싶었던 것일까? 그곳이 학교 다니는 길목이어서 그 일이 있고 난 훨씬 뒤에까지도 그곳은 학교를 오가는 우리들에게 얼마나 무서운 곳이었는지 모른다.

육학년이 되어 상급학교 진학반 과외공부를 마치고 돌아오던 달이 휘영청 밝은 밤, 그곳을 혼자 지나던 때는 얼마나 무섭고 등골이 오싹했었는지… 뛰면 뛰는 대로 무엇이 따라오는 것 같고 걸으면 걷는 대로 으시시했던 기억이 새롭다.

그런 그 '판길이' 아저씨가 아득히 50년 세월이 지난 이 추석 날 새벽미사에서 뜻밖에 떠올라 마음에 잠겨오며 신부님 말씀 따라 그 지향대로 내 마음의 제대에서 봉헌되고 있는 것이다.

언제부터인가 나는 묵주기도를 드릴 때마다 이 땅 위에서 살다 가신 모든 영혼들 안에서 티 없으신 성모성심이, 그 얼과 빛이, 은총과 자비가 싱그럽고 활발하게, 힘 있고 완전하게 이루어지기를 기원해왔다. 또 매월 첫 토요일 기도모임에서는 함께 참석한 교우들과 함께 나를 성모님께 봉헌하며 의탁해왔다.

나를 당신의 뜻대로 다스려 주시라고 나에 대한 전권을 위임해온 것이다. 그런 까닭에 성모님께서 아무 조심성 없이 많은 사람들을 업신여기며 마음대로 살았던 내 지난 세월의 씻어낼 수 없는 무거운 죄를 보속하게 하시려고 누구에게서도 잊혀진 '판길이' 아저씨 영혼을 이 아침에 떠올리게 하시어 기도하게 하시는가 하는 생각이 드는 것이다.

지나친 억측일까? 아무튼 주님의 이 세상에서의 행적 속에는 완전히 버려지는 것 같은 사람들을 그분 특유의 뜨거운 사랑의 손길로 구해내는 이야기들이 얼마든지 나온다.

"예수와 함께 십자가에 달린 죄수 중 하나도 예수를 모욕하면서 '당신은 그리스도가 아니오? 당신도 살리고 우리도 살려보시오!' 하고 말하였다.

그러나 다른 죄수는 '너도 저분과 같은 사형선고를 받은 주제에 하느님이 두렵지도 않느냐? 우리가 한 짓을 보아서 우리는 이런 벌을 받아 마땅하지만 저분이야 무슨 잘못이 있단 말이냐?' 하고 꾸짖고는 '예수님, 예수님께서 왕이 되어 오실 때에 저를 꼭 기억하여 주십시오' 하고 간청하였다.

예수께서는 '오늘 네가 정녕 나와 함께 낙원에 들어갈 것이다' 하고 대답하셨다"루카 23,39-43

"우리가 한 짓을 보아서 우리는 이런 벌을 받아 마땅하지만 저분이야 무슨 잘못이 있단 말이냐?" 하고 목숨이 경각에 달린 고통스러운 사형대에서 이렇게 타이르는 오른쪽 사형수! 숨이 끊어지는 속에서도 자기와 똑같이 십자가에 달려있지만 바로 그분이 구세주이심을 알아보고 죄를 뉘우치기에 몰두해있을 뿐 아니라 "왕이 되어 오실 때에 저를 꼭 기억하여 주십시오" 하고 참 생명을 챙길 줄 아는 이 사람에게 주님의 은총은 어느 누구 보다 먼저 미치고 있는 것이다.

"선생님, 이 여자가 간음하다가 현장에서 잡혔습니다"요한 8,4 "그들이 하도 대답을 재촉하므로 예수께서는 고개를 드시고 '너 희 중에 누구든지 죄 없는 사람이 먼저 저 여자를 돌로 쳐라' 하 시고 다시 몸을 굽혀 계속해서 땅바닥에 무엇인가 쓰셨다.

그들은 이 말씀을 듣자 나이 많은 사람부터 하나하나 가버리 고 마침내 예수 앞에는 그 한가운데 서 있던 여자만이 남아 있 었다"요한 8,7-9

나이 들며 철든 순서대로 깨달음도 그렇게 왔었던가? 흙 위 에 갈겨쓴 글씨처럼 지워져 버릴지도 모를 사람들로부터, 그들보다 먼저 이 땅에서 지워져 버릴뻔한 여인 홀로 주님 곁에 남게 되는 것을 보는 것이다. 버려지는 사람 곁에 있어주는 사마리아 사람을 주님께서는 참된 이웃으로 우리에게 천거하지 않으셨던가? 당신께서도 모든 사람들로부터 비참하게 버려지면서도 죽음을 치러가면서까지 버려지는 사람들을 챙기고 있는 주님이시다.

돌아가신 분들을 기억하는 이 아침에는 모든 사람에게서 잊혀진 '판길이' 아저씨를 챙겨주시는 것일까? 사람은 어쩌면 모든 사람들로부터 비참하게 버려지면서 비로소 하늘나라에서 살기에 합당한 사람으로 정화되어 태어나는 것인지도 모른다.

신성을 지니신 죽지 않는 성부의 '말씀'께서 모든 버려지고 죽어갈 사람들을 건지시기 위해 홀로 원죄 없으시고 티 없으신 동정 어머니의 태에서 인성을 취하여 참된 양식이 될 못 박히실 몸을 장만하여 사람으로 나시고 죽어 묻히시고 다시 사시어 우리의 길이요 진리요 생명이 되신 것이 아니었던가.

그 주님께서 어느 작은 자 하나에게 행한 것도 모두 다 결국은 당신께 한 것이라며 어느 작은 자와도 당신은 하나라는 눈물겨운 말씀을 해주고 계시는 것이다.

우리가 어느 때 주님께 음식을 드렸고

목마른 주님께 마실 것 언제 드렸나

진실히 네게 이르노니 미소한 형제 중에

하나에게 베푼 것 모두가 내게 한 것이니라.

마태 25,37-40 가톨릭성가 41

    십자가에 달려 처형되던 사형수가 주님을 만났고 사람들이 던지는 돌에 맞아 죽을뻔했던 여인이 주님을 만났듯, 살아서는 사람들로부터 버려졌고 죽어서는 모든 사람들로부터 잊혀진, 저승에서 거처 없이 떠도는 모든 '판길이' 아저씨들도 이 명절날의 새벽미사를 통해 주님을 뵙게 되기를 간절히 바라며 모든 교우들과 함께 마음 기울여 기원해본다.

노을

성묘 갔다 오는 저녁
타는 노을은,

아들 손자 가는 길
밝히는 노을.

할머니는 주렁 짚고 서서 보시고,
할아버지는 뒷짐 지고 서서 계시고,

성묘 갔다 오는 저녁
타는 노을은,

할아버지 할머니가
밝혀 든 등불.

활개치며 잘 가라고
높이 든 등불.

징소리 여운

고향의 봄 본향의 봄

　해방되던 해에 나는 '태인국민학교' 6학년이었다. 새로 오신 조선사람 선생님으로부터 처음으로 우리말 노래를 배웠다. 학교를 갓 나온 까만 학생복 차림 그대로의 젊고 잘생긴 안상용 선생님이셨다.

　　　나의 살던 고향은 꽃피는 산골
　　　복숭아꽃 살구꽃 아기 진달래
　　　울긋불긋 꽃 대궐 차리인 동네
　　　그 속에서 놀던 때가 그립습니다

조국이 무엇인지도 모르고 무슨 영문인지도 모른 채 그저 일본말 일본노래에 길들어 가던 국민학교 6학년 때, 뜻밖에 '해방'이라는 공짜 떡을 만난 것이다. 천대받던 우리말을 마음대로 말할 수 있게 되고 노래까지 부르게 된 것이다.

'우리말도 노래가 되는구나!' 콜타르가 칠해진 낡은 목조건물 교실 안에서 오르간소리에 맞춰 부르던 '고향의 봄'의 감격은 지금 생각해도 옹골지고 코허리가 시큰하다. 우리말을 쓰면 '후다'딱지를 빼앗기며 일본말에 시달려 온 베잠방이 코흘리개들이 갑자기 '울긋불긋 꽃 대궐 차린 동네' 왕자동이들로 태어난 것이다.

해방된 조국 강산에 이원수, 홍난파의 이 노래가 없었더라면 우리는 무슨 노래를 불렀을까? 우리에게도 조국이 있고 함께 부를 노래가 있다는 것을 실감 나게 일깨워준 노래가 이 노래다.

'동해물과 백두산이 마르고 닳도록~' 어떤 '식'에서나 불러야 하는 애국가보다 어느 때 어디서나 편하게 부를 수 있는 이 노래, '꽃피는 산고올~ …아기 진달래애~ …그립습니다아~' 이렇게 꼬리에 무게를 실어 힘주어 끌면서 부르는 이 노래가 우리에게는 허물없고 정겹다. 그때로부터 이 노래와 함께 살아온 세월 동안 얽힌 얘기는 많다.

몇 해 전 돌아가신 시인 박재삼 형은 술이 거나해서 이 노래를 부를 때마다 '나의 살던 고향'이 아니고 '내가 살던 고향'이어야 했다고 항상 불만을 토로하곤 했었다.

예나 지금이나 이 노래에 대한 나의 애정은 깊어서 이 노래의 작사자인 이원수 선생이 살아 계시는 동안 사당동 예술인촌으로 그분 댁을 몇 번인가 찾아뵈온 일이 있었다. 이원수 선생이 친필로 '고향의 봄'을 써주셔서 아들딸들에게 귀한 선물로 줄 수 있었다.

또 재작년이던가는 여의도에 사시는 홍난파 선생의 부인 이대형 여사를 찾아가 〈홍난파 백곡집〉을 얻어온 일도 있었다. 해외여행에서 돌아오는 비행기 안에서 듣는 고향의 봄, 이 노래만큼 한국사람임을 순수하게 느끼게 해주는 노래는 아마 없을 것 같다.

이제까지 나는 이 땅에서의 내가 살던 고향의 봄 노래 얘기를 해왔다. 이제 내 나이도 있고 해서 앞으로 내가 또 한번 찾아나설 고향의 봄 노래 얘기를 해봐야겠다. 아직은 눈에 안 보이는 멀고 아득한 우리의 고향, 이 세상을 떠난 모든 분들이 거기 다 계실 듯한 우리 누구나가 돌아가야 할 우리네 본향!

왕솔밭에 불어오는 바람 소리는
가옵신 어른들이 오는 소리다.

낯 모르는 우리 할아버지들
낯선 손자 만나러들 오는 소리다.

너무 서럽게만 살지 말라고
죽음도 별 것은 아니더라고

저승 또한 밝은 세상이라고
일러주시고는 떠나시는가.

왕솔밭 높이 부는 바람 소리는
우리 할아버지 가시는 소리

하늘 멀리 사라지는 바람 소리여!

시 '왕솔밭 높이 부는 바람소리는' 에서

아직 가톨릭 신자가 아니었던 때, 생명의 본향에 대한 나의
애절한 그리움을 담아본 노래라 할 수 있다.

이때를 지나 내가 부르게 된 노래는 또 다른 내가 돌아가야 할 본향의 노래. 개신교 신자 시절, 어느 기도 모임에 우리를 태우고 가던 버스의 안내양이 마음 바쳐 부르던 구슬픈 '본향의 노래'를 들으며 나는 가눌 수 없을 만큼 깊은 흐느낌으로 몸을 떨었던 일이 있다.

어쩌면 그것은 나의 의지와는 상관없이 어떤 알 수 없는 은총의 힘에 의해서였을 것이다. 그때 들었던 그 노랫말 그대로를 여기 적어본다.

　　　내 본향 가는 길 보이도다
　　　인생의 갈 길을 다 달리고
　　　땅 위의 수고를 그만하라 하시니
　　　내 앞에 남은 일 오직 저 길

　　　주 예수 예비한 저 새집은
　　　영원히 영원히 빛나는 집
　　　거기서 성도들 기쁜 노래 불러서
　　　은총의 구주를 길이 찬송

　　　평생에 행한 일 돌아보니

부끄럼뿐이라 황송하나

아버지 사랑이 날 용납하시니

생명의 면류관 내 것일세

　우리의 본향이란 어떤 곳일까? 참되신 어버이의 티없이 맑은 마음이 있고 참된 자녀들과 그 자녀들의 고운 마음이 있는 곳, 아들 손자 재우는 어른들의 사랑의 숨결이 있고 그 사랑을 반영하며 사는 자녀들의 섬기는 마음과 평화가 있는 곳, 폭력과 공포가 없고 거짓과 미움이 없고 이기적인 욕심 따위가 없는 그런 곳일 것이다.

　"우리가 들어 있는 지상의 장막집이 무너지면 우리는 하늘에 있는 영원한 집에 들게 된다는 것을 알고 있습니다. 그것은 사람의 손으로 지은 것이 아니라 하느님께서 세워 주시는 집입니다"2코린 5,1

　이제는 하늘나라에서 떠듬떠듬이라도 따라부를 그 고향의 봄 노래, 본향의 노래를 익히고 싶다.

장고 독주 長鼓 獨奏

가뭄철 참외밭에 늦비 오는 소리로
장고 독주는 시작되는데

도란도란 부슬비는 어느새 또 한차례
밤 깟 모퉁이로 돌아나가고

세상도 싱겁다고 하는 참인데
웬 느닷없는 소낙비인고!

끝내는 천둥 번개 몰아오는데
콩 튀듯 벼락 치듯 몰고 가는데

거기는 또 웬 낭떠러진가

통 아무 일도 없었는 듯 멎어 버렸다.

그러다가 또 풀어지는 장고 소리는

지척이 천린지

천리가 지척인지

천년이 하룬지

하루가 천년인지……

어쩌면 그런 뜻의 소린 듯한데

엄살인지 익살인지 엉거주춤 서다가

덜커덩 모르겠다 주저앉는 시늉이며

추킨 듯 떨어지는 어깨춤에다

턱으로 살짝 미는 고갯짓이랑……

오래 참은 그리움을 웃음인 듯 띄우고,
감았는지 떴는지
鼓手의 눈길 간 데를 더듬노라면

어느새 나부끼는 실비단 하늘
그리운 이면
어디 있는 누구라도 만나 보리라.

가신 이들도 함께 숨쉬는
무색 하늘이 여기였구나.

부끄러워라
멀뚱멀뚱 눈뜨고 잃은 가락을
떠나 사는 이들이 깨우쳐 옴은.

마른 뼈들이 살아나는 이야기

"그를 풀어 주어 가게 하여라"요한 11.44

> 날 저문 하늘에 별이 삼 형제
> 반짝반짝 정답게 비추이더니
> 웬일인지 별 하나 보이지 않고
> 남은 별만 둘이서 눈물 흘린다.

내가 세상에 나서 어머니한테 처음 배운 노래다. 세 살에서 다섯 살, 아마 그 무렵이었을 것이다. 설날 아침 갈아입을 새 옷을 머리맡에 개어 두고 어머니와 이 노래를 부르다가 잠들었던 기억이 난다. 이 나이에도 내가 이 노래를 잊지 않고 있는 것은 아마도 '웬일인지 별 하나 보이지 않고…' 라는 구절이 남기는 애틋한 아픔 같은 것 때문이 아닌가 한다.

그 노래는 홀로 되신 양할머니를 따라 시골 교회에 따라다니던 어머니께서 주섬주섬 익혀 온 노래였을 것이다. 날 저무는 밤하늘에서 그렇게도 정답게 반짝이던 별 하나는 어디를 가고 남은 별만 둘이서 눈물 흘리고 있는 것일까? 세상에 나서 처음 배운 노래에서 시작된 이 의문은 이 나이가 되어서도 시원한 해답을 얻지 못하고 있다.

뜻도 모르고 부르던 이 노래에서 내가 이 의문을 갖기 시작한 것은 언제부터였을까? 다시는 못 오는 길로 떠나보내는 슬픔으로 처음 울어본 것이 할아버지께서 돌아가신 아홉 살 때였으니까 아마 그 무렵부터였을까?

그 뒤로 아버지의 죽음, 누이동생의 죽음을 비롯하여 맞닥뜨린 여러 죽음들 앞에서 나는 얼마나 많이 울었던가?

출가한 지 20년이 넘은 누이동생의 죽음이 어린 날 지나온 일들과 함께 회상되며 가늠할 수 없는 절망감과 허탈감 속에서 눈이 붓도록 울었던 일은 기억에 새롭다.

그런데 그 누이동생의 장례 때 전혀 예상치 못하게 시편 23편을 노랫말로 한 가톨릭 성가 50번과 만나게 되었다. 슬픔을 기쁨으로, 절망을 희망으로 바꾸어주던 이 성가!

이 성가가 나에게 준 감동은 잊을 수 없다. 가톨릭 신자였던 누이동생이 다니던 성당에서 찾아와 드리는 연도 끝에 부른 이 노래에서 받은 감동은 이 노래를 이루신 하느님께서 주신 은총이었다. 장례식이 끝난 뒤 나는 집에서 가까운 성당엘 찾아가 그전에는 생각할 수도 없었던 가톨릭 신자가 되었다.

야훼 나의 목자 아쉬울 것 없노라.

파아란 풀밭에 이 몸 누여 주시고 고이 쉬라 물터로 주 나를 이끌어 주네. 내 영혼 싱싱하게 생기 돌아나고 주님 영광 위하여 지름길 인도하시네.

죽음의 그늘진 골짜기 간다 해도 주님 함께 계시면 무서울 것이 없도다. 가톨릭 성가 50번 시편 23편 中에서

한 구절 한 구절에 꿀을 발라주시는 듯 나의 온 느낌 속으로 감미롭게 스며들어 오는 것이었다. 사람의 느낌을 월등히 초월하는 절대적이고 압도적인 사랑의 숨결 같은 것이 통상 우리들이 느끼고 사는 감관感官의 속박에서 참 평화의 세계로 완전히

해방한다고나 할까!

늘 써오던 하찮은 말 속에도, 가볍게 부르는 쉬운 노래 속에
도 하느님께서는 죽음을 초월하는 참 생명과 사랑을 흡족하게
느끼고 남을 크신 은총을 숨기실 수 있는 것이었다. 누이동생의
죽음으로 목메는 가난한 내 마음에 은혜를 입혀 먹여주시는 말
씀과 노래는 참으로 감미로왔다.

구약성서 에제키엘서 37장에는 놀랍게도 죽은 지 오래되어
허옇게 마른 뼈들이 떼 지어 살아나는 말씀이 있다.

"야훼께서 손으로 나를 잡으시자 야훼의 기운이 나를 밖으로
이끌어 내셨다. 그래서 들 한가운데 이끌려 나가보니 거기에 뼈
들이 가득히 널려 있는 것이었다. 그분이 나를 그리로 두루 돌
아다니게 하셨다. 그 들바닥에는 뼈들이 굉장히 많았는데 그것
들은 모두 말라 있었다. 그분이 나에게 말씀하셨다.

'너 사람아, 이 뼈들이 살아날 것 같으냐?' 내가 '주 야훼여,
당신께서 아시옵니다" 하고 아뢰니 그분이 또 나에게 말씀하셨
다. '이 뼈들에게 내 말을 전하여라. 마른 뼈들아, 이 야훼의 말
을 들어라. 뼈들에게 주 야훼가 말한다. 내가 너희 속에 숨을 불
어넣어 너희를 살리리라. 너희에게 힘줄을 이어 놓고 살을 붙이
고 가죽을 씌우고 숨을 불어넣어 너희를 살리면, 그제야 너희는

내가 야훼임을 알게 되리라'

나는 분부하신 대로 말씀을 전하였다. 내가 말씀을 전하는 동안 뼈들이 움직이며 서로 붙는 소리가 났다. 내가 바라보고 있는 가운데 뼈들에게 힘줄이 이어졌고 살이 붙었으며 가죽이 씌워졌다. 그러나 아직 숨 쉬는 기척은 없었다.

야훼께서 나에게 또 말씀하셨다. '너 사람아, 숨을 향해 내 말을 전하여라' '주 야훼가 말한다. 숨아, 사방에서 불어와서 이 죽은 자들을 스쳐 살아나게 하여라'" 나는 분부하신 대로 말씀을 전하였다.

숨이 불어왔다. 그러자 모두들 살아나 제 발로 일어서서 굉장히 큰 무리를 이루었다'"에제 37,1-10

인류 재창조의 장면이라고나 할까. 마른 뼈들이 떼 지어 살아나는 장면이 눈으로 보는 듯 선하다. 끝나 버렸다고 생각하는 죽음에서 생명을 되살려내는 하느님의 능력과 사랑이 구구절절 용솟음치는 듯하다.

내가 그 현장에 있고 그 살아 돌아오는 사람들 속에 지난날 가슴 아프게 헤어졌던 가족 친지들의 얼굴이 섞여 있다면 얼마나 뛸듯이 기쁠 것인가.

나면 죽는 것으로, 죽으면 그만인 것으로 생각이 쩔어버린 사람의 손을 잡고 하느님께서 그 가족들에게서조차 잊혀진 송장들을 살아나게 하는 장관을 보며 잠자던 무지갯빛 꿈을 펼쳐보는 것이다.

웬일인지 보이지 않던 그 별 하나도 이제는 다른 별들과 저 하늘 나직이 떠서 반짝반짝 정답게 반짝이는 속에 죽었던 사람들이 살아 돌아오는 것이다.

여름이면 보리쌀을 갈아 많은 식구들의 저녁상을 차렸었고 6·25 무렵에는 자라지도 않은 어린 것이 먼 산에서 쑥을 뜯어 이고 와 죽을 쑤어 먹여 주던 내 누이동생, 시집가서도 가난한 살림 꾸려가랴 새끼들 가르치랴 애만 태우다가 그만 암에 걸려 죽어간 내 누이동생.

부도난 자식들을 걱정하며 무엇인가 하고 싶은 말 한마디를 목 밖으로 끝내 밀어내지 못한 채 숨 거두신 우리 아버지, '천고 일월명天高日月明'을 읽어 주시던 할아버지, 뜨거운 밥을 김에 싸서 입속 깊숙이 넣어 주시던 할머니, 교통사고로 돌아가신 다정하고 어지셨던 중학교 때 국어 선생님…

말라버린 뼈들이 살아나서 줄줄이 떼 지어 돌아오는 속에 그 누이동생의 얼굴이 보이고 할아버지와 할머니, 아버지와 국어 선생님의 얼굴이 그 속에 끼어 있다면 얼마나 좋을까!

다 늙고 찌든 얼굴이 아니라 홍안 소년으로, 수줍은 소녀로 싱글벙글 웃으며 돌아온다면 얼마나 신명 나는 일이겠는가!

이렇게 하느님을 알고 느끼며 그리스도의 빵을 나누는 우리들에게는 희망이 있다. 부활의 주님께서도 말씀하신다.

"마지막 날에 그들을 모두 살릴 것입니다"요한 6,40

"이 빵을 먹는 사람은 영원히 살 것이다"요한 6,58

"내가 이렇게 무덤을 열고 내 백성이었던 너희를 무덤에서 끌어 올리면, 그제야 너희는 내가 야훼임을 알게 되리라"에제 37,13 파수꾼이 새벽을 기다리기보다 마른 뼈들이 주님을 기다리오며 마른 뼈나 다름없는 저희가 주님을 더 기다리나이다. "그를 풀어 주어 가게 하여라"요한 11,44 하셨던 주님! 어서 오시옵소서!

징소리 여운

"이 나라미국 저 동북쪽에 어느 몹시 눈 오던 날은 늘 모자라는 SAT 점수를 채워 보겠다고 서투른 운전으로 비척거리며 시험장에 여섯 시간인가를 가고 오던 아들 녀석을 나는 못 따라다녔지만, 아마 분명 귀 기울이면 들렸을 나직한 징소리가 왼종일 그 녀석을 감싸고 있었을 것이었다"시 '징소리 여운' 에서

9남매의 장남인 내가, 하나 있는 아들을 그의 할머니와 어머니, 두 누나에 네 고모, 거기에 네 분 작은 어머니들까지 서로 다투어 돌봐주는 속에서 키우다가는 아들 농사 다 글러 버릴 것만 같아 국그릇 두 개와 밥그릇 두 개를 이불 속에 포개어 싸들

고 건너간 미국에서 살 때 쓴 시 '징소리 여운'의 한 구절이다.

아들 녀석은 동부에 있는 고등학교에 보내놓고 나는 서부 캘리포니아 '어바인'에서 뭔가를 해보겠다고 LA를 오가며 꽤나 부산하게, 한편으로는 몹시 외롭게 살던 때의 일이다. 무엇 하나 익숙한 게 없는 애를 어거지스럽게 동부고등학교에 보내놓고 애태우던 나의 심정을 이 시 한 구절에서 조금은 엿볼 수 있으리라 믿는다.

지금 같으면 묵주알을 부지런히 굴렸을 것이지만 그때는 영세 전이어서 초조하고 불안한 우리네 삶을 늘 감싸주는 듯한 저 나직한 고향의 징소리에 염원을 담아 본 것이었다.

방학이라도 되어 그 녀석이 돌아오면 뒤늦게 합류한 아내와 LA공항에 마중 나가는 것이 커다란 즐거움이었다. 값싼 비행기 표라 여러 공항을 거쳐오게 되는데 그 녀석을 기다리는 우리 내외는 사실 그럴 것도 없는 것을 얼마나 초조하고 불안해했었는지 모른다.

그렇게 오는 때나 가는 때나 그 녀석이 비행기를 타고 떠있는 시간 동안이 그렇게 소심해지는 것이다. '무슨 일이라도 생기지 않을까? 괜찮겠지' 하면서도 늘 그런 불안을 떨칠 수가 없었다. 얼마나 아슬아슬하고 아무 확실한 보장 없는 불안한 인생살이

인가 싶은 생각이 들 때도 있었다.

문명의 이기라고는 하지만 높이 떠서 이동해야 하는 비행기 여행을 불안해하는 것은 유달리 소심한 나만일까? 그런 나머지 나는 그 녀석에게 목적지에 도착할 때마다 즉시 전화하도록 엄명을 내려두곤 했다. 나는 이 엄명을 20년이 되는데도 아직 해제를 못 하고 있는 졸장부인 것이다.

1983년 9월 1일 KE 007편, 뉴욕을 떠나 앵커리지에서 주유받고 다시 뜬 비행기가 서울을 향하여 시베리아 상공을 날고 있을 때였다. 보잉 747 점보 제트기, 승무원 23명에 승객 246명, 모두 269명이 탑승하고 있었다.

성미 급한 일부 승객들은 벌써 김포공항에서 기다리는 가족, 친지들을 떠올리며 기쁜 만남을 궁리하는 그런 시간에 이 비행기는 아무 예고없이 격추된 것이다.

궁금해 가슴 터지는 탑승자 가족들을 비롯한 온 세상 사람들에게 알려지는 슐츠 미 국무장관의 공식적인 첫 성명은 아주 간단명료한 것이었다. "……디스트로이드destroyed!" 그것뿐이었다. 그 비행기는 레이더망에서 사라져 버렸다는 것이다.

아무 감정도 안 섞인 듯한 무표정하달까, 침착하달까… 아무튼 의심할 수 없는 명료한 성명이었다. 인간의 실수 아닌 누군가의 고의적 의지로 한 올의 적의도 갖지 않은 269명의 숨 쉬는 사람들을 한순간에 이 세상에서 흔적도 없이 지워 버리다니…

돌이킬 수 없고 수습할 수 없는 야만적인 폭력! 그들의 가족들을 비롯해 관계되는 모든 사람들로부터 다시는 만날 수 없게 빼앗아 가버린 것이다. 나와 아내가 LA공항에서 내 아들을 기다렸듯이 그렇게 기다리고 있었을 269명의 가족들! 그 가족들은 세월은 가도 마음으로는 그 자리에서 떠나지 못하고 보이지 않는 화석으로 굳어있을 것이다.

카인은 실컷 자랐던가? 사람들 안에서 카인은 뻗고 자라서 무리를 이루고 이제는 떼죽음을 만들어 내고 있는 것이다. 아우슈비츠를 비롯하여 제 어머니의 뱃속 형장에서 소리없이 사라져가는 수천만의 영아들에 이르기까지의 조용한 떼죽음을 생각해보자.

그뿐인가. 잘 생각해보면 세상에 난 모든 사람들은 예외없이 죽어가는 것이 마땅한 일이기나 한 것처럼 그것이 본래 하느님의 지으신 뜻이라도 되는 듯이 당연시하며 죽어가고 있다.

그렇게 가엾이 살다가 죽어가라고 하느님은 사람을 지으셨을까? 온 인류가 망각의 미로에 빠져 있는 것만 같은 것이다.

"이 동산에 있는 나무 열매는 무엇이든지 마음대로 따 먹어

라. 그러나 선과 악을 알게 하는 나무 열매만은 따 먹지 말아라. 그것을 따 먹는 날, 너는 반드시 죽는다"창세 2,16-17

원조 아담은 비참한 죽음이 어떤 것인지를 아직 몰랐던가? 그러나 그것은 긴 세월에 걸쳐 원죄 없는 마리아를 통하여 새 판을 짜야할 만큼 하느님께는 심각한 것이었다.

선악과만은 따 먹지 말라는 하느님의 말씀을 거역지 않고 아담의 마음과 영혼이 좋은 쪽으로 무럭무럭 자라 마침내 하느님의 축복 속에 생명나무 열매까지 따 먹을 수 있게 되었더라면 아담은 '끝없이 살게'창세 3,22 되었을 것이었다.

물론 하느님께서 생명나무로 나아가는 길목에 거룹들을 세우지도, 불칼을 장치하지도 않았을 것이다. 하느님과 함께 죽지 않는 목숨으로 언제까지나 오손도손 살았을 것이다. 높은 자리에서 호령하시며 겁주고 무섭게 부릅뜨며 사시고자 하는 하느님이 결코 아닌 것이다.

죄와 악에서 돌아오지 않는 이들에게는 무서운 하느님이실지 모르지만, 착하고 가난하고 겸손하며 마음이 깨끗한 사람들에게는 한없이 어지신 자비의 하느님이신 것이다. 죄를 짓기 전의, 뱀으로부터 하느님께 대한 거역과 반역의 씨를 받아들이기 전의 아담을 하느님께서는 얼마나 귀여워 하셨던가?

에덴동산을 돌보게 하시며 숨 쉬는 새와 짐승을 만들어주시고는 무어라 이름 붙이는가 사랑스러운 눈길로 굽어보시며 그가 붙이는 이름이 바로 그것들의 이름이 되게 하신 지극히 자비하신 사랑의 하느님이셨다.

그 비행기에 탔던 269명의 사망자 속에 내가 아는 분이 한 분 계시다. 내 막내동생의 친구 하권호 군의 어머니시다. 미국에 사는 딸네 집에 다녀오던 길이었다.

외아들을 만날 일을, 깨가 쏟아질 그 만남을 속으로 그리며 그 어머니는 오고 계셨을 것이다. 감으나 뜨나 눈앞에 삼삼한 아들을 그리며 그의 누나들이 미국에서 챙겨준 선물꾸러미를 아들에게 건네줄 것을 생각하며 오고 계셨을 그 어머니!

그 엄청난 일이 일어났던 유난히도 맑게 개인 그쪽 하늘을 보며 나는 그때 '하늘'이라는 시로 억울하게 돌아가신, 돌아올 수 없는 그 어머니를 영원히 푸르른 그 '하늘'에 되살려 보았다. 어제일 같은데…

어머니,
외동손자 재우시는 고운 숨결의
맑은 당신의 하늘이 열렸습니다.

첫닭 울면 길어 온 정화수
흰 사발에 받쳐들던 마음의 하늘

흰 빨래 헹궈 내는
물내 나는 당신의 하늘입니다.

이 숨쉬는 개인 하늘 여기에 두고
어디서 당신을 찾겠습니까.

우러르면 목메이는 머언 하늘가
부뚜막엔 김 서리는 햇닭 한 마리
열네 식구 국 뜬 마음 깃든 하늘가

우리는 언제 어디를 가나
그 하늘의 복판에 머리 두리라.

어머니,
지난날 근심이랑 함께 이고 사시던

이제 다시는 닫히지 않을
당신의 고운 하늘이 열렸습니다.

시 '하늘' 에서

이미 버려진 세상을 어떻게 이제 새삼 무어라 나무라겠는가? 조용히 한 편의 시로나 사라져 간 아까운 목숨을 이제 다시는 닫히지 않을 그 '하늘'에 재현해 볼 따름이었던 것이다.

이제 신·구약성경을 끝맺으며 옥좌에서 들려왔던 이 말씀에 귀를 기울여보자.

"이제 하느님의 집은 사람들이 사는 곳에 있다. 하느님은 사람들과 함께 계시고 사람들은 하느님의 백성이 될 것이다.

하느님께서는 친히 그들과 함께 계시고 그들의 하느님이 되셔서 그들의 눈에서 모든 눈물을 씻어주실 것이다. 이제는 죽음이 없고 슬픔도 울부짖음도 고통도 없을 것이다. 이전 것들이 다 사라져버렸기 때문이다"묵시 21,3-4

복음서의 말씀들이 생생한 현실이 되고 현실세계는 오히려 어느새 먼 옛 이야기가 되고 마는 그런 은혜로운 날이 어디쯤인가 분명 오고 있을 것이다. 2천 살인데도 16세로 보인다는 성모님과 무덤을 열고 나오신 생명과 사랑의 주님과 함께 하느님 뵐 날을 그려본다.

잃어버린 것들

내가 세상에 나서 처음 잃은 것은 초등학교에 새로 입학하여 처음 받은, 새 책 냄새도 채 안 가신 몇 권의 책을 싼, 녹색 바탕에 굵고 하얀 줄무늬가 있는 책보였다.

새 학기가 시작되고 얼마 되지 않은 4~5월 무렵, 친구들과 십 리 길이 짱짱한 학교에 다녀오던 길이었다. 섬진강 하류의 작은 다리, 큰 다리를 건너 큰 도로를 따라 걸어오다가 시골 길로 접어들면 집까지 시냇물, 제방길이 몇 번인가 이어진다.

언덕길에 올라서서 제방길을 따라가던 우리는 뜻밖에 잔잔히 흘러가던 시냇물이 큰 나팔 주둥이 모양을 만들면서 우리가 걸어가고 있는 제방 어딘가로 새나가고 있는 구멍을 발견했다.

우리는 신이 나서 낭떠러지와 제방 둑을 오르내렸다. 물이 빠져나가며 생긴 나팔꽃 모양 물구멍에 나뭇잎도 넣고, 풀도 한 움큼 쥐어뜯어 넣고, 나뭇가지도 넣고… 그러고는 곧 달려가서 우리가 넣은 것들이 잘 빨려나오는지 확인하다 보니 꽤 시간이 흘러갔다.

이제 그만 돌아가자고 버려두었던 책보들을 챙겨 드는데 내 책보만 없었다. 누가 어떻게 한 걸까? 억울하고 허전하고 겁도 나고… 처음 맛본 아픔이었다.

해마다 겨울이 오면 챙겨입던 외투를 지난겨울에는 끝내 못 입고 말았다. 거기 딸린 목도리와 함께 어디다 두었는지 끝내 못 찾고 만 것이다. 외투는 큰딸이 사준 것이고 목도리는 아들 이 누구에게선가 선물로 받은 것을 내게 준 것이다.

여러 해를 입었지만 싫증이 나지 않아 초겨울 바람이 쌀쌀해 지면 서둘러 챙겨입던 정든 외투와 목도리였다. 어디다 두었을 까. 찾다가 지쳐 이제는 아주 포기했으면서도 여름이 다 된 지 금까지도 아쉬운 마음이 가라앉지 않는 것이다.

이제는 입고 안 입고를 떠나 자식들이 마음먹고 선물로 준 것 을 잃어버린 것을 생각하면 어디다 두고 못 찾는지 내가 미워지고 효심을 저버린 것 같아 견딜 수 없고 자식들이 안쓰럽기까지 하다. 이런 나에게 그것들을 찾아주는 분이 있다면 얼마나 고마울까!

성경에 요셉에 관한 이야기가 있다. 형들 앞에서 함부로 꿈 얘기를 지껄이다가 그만 미움을 사 이스라엘 상인들에게 팔려 이집트로 버려지는 이야기. 부모형제와 고향을 한꺼번에 잃고 타달타달 팔려가는, 나이 어린 요셉을 생각한다. 얼마나 억울하고 분하고 견딜 수 없었을까?

요셉뿐 아니라 얼마나 많은 사람이 많은 것을 잃어가며 살고 있는가. 그러다 끝내는 가엾게도 목숨까지를 잃고 마는 것이다.

큰 것이건, 작은 것이건 잃어버리는 것은 유쾌한 일이 아니다. 내가 아홉 살 때 돌아가신 할아버지는 누런 삼베 수의를 입고 근엄했던 수염도 한쪽으로 비비꼬여 몰린 얼굴을 두건으로 가린 채 꽁꽁 묶여 관속에 들어가셨다. 관뚜껑이 덮여 쾅쾅 못질 당하고, 마침내 흙에 묻히는 순간 느꼈던 아픔을 나는 지금도 기억한다. 이제 그 손자가 어느새 그 할아버지보다 더 많은 나이가 돼 있다.

여기에 다다르지 않을 인생이 있는가! 이런 일은 언제부터 시작했으며 어째서 긴 세월 계속되어왔는가!

이탈리아 남부 고라로라는 곳에 '루이자 삐까레따'라는 하늘의 소리를 듣는 분이 있었다. 이분의 영성에 대해 미국 달라스 출신인 존 브라운 신부가 일본에서 강연을 한 일이 있다. 그때 아담이 에덴동산에서 무엇을 잃었는가에 대한 말씀이 있어 묵상해보고자 한다.

하느님께서는 넘치는 사랑으로 모든 것을 창조하시고 맨 마지막에 인간을 창조하셨다. 어떤 특별한 계획을 가지고 있었기 때문이다. 그 인간 속에서 하느님은 무엇을 보려 하셨던가? 하느님은 누구를 위하여 이 우주를 지으셨던가.

하느님은 신성에 가깝게 아담을 지으셨다. 아담과 하느님은 어떤 관계였을까. 창세기에서 하느님은 밤의 숨결 속에 깃들여 와서 밤바람 속에 아담과 손을 잡고 거니셨다.

하느님께서 바라시는 것을 아담도 바랐고, 아담이 바라는 것은 하느님께서도 바라셨던 것이다. 아담은 예수의 이미지 속에 창조되었기에 예수처럼 '하느님의 의지'와 '인간의 의지'를 가지고 있었다.

아담은 하느님과 선만 알고 있었다. 몸의 유혹, 마음의 갈등, 질투, 미움 등은 전혀 모르고 하느님밖에 모르는 완전한 상태였다. 하느님께서는 아담을 보고 "너를 이렇게 만들어 매우 기쁘고 좋구나! 너를 특별하게 만들어 특별한 은총의 선물을 주리라" 하고 말씀하셨다.

그 특별한 은총의 선물은

1. 죽지 않는 영원한 생명

2. 전혀 고통이 없고, 나이 먹지 않으며 앓는 일이 없는 축복

3. 지식의 선물모르는 것이 없음

4. 완전함결함이 없다는 뜻, 가장 큰 은총의 선물

이 네 가지이며, 더불어 "자유의지를 주리라. 이 모든 것을 너에게 주었으니 너는 나를 사랑하여라" 하셨다.

하느님께서는 대단히 소박하고 단순한 시험을 하셨다. "동산에 있는 나무 200만 그루 가운데 단 한 그루의 열매만은 따 먹지 말라"

그때 누가 왔는가. 사탄이다. 아담은 시험에 합격했던가? 아담은 하느님의 말씀을 따르지 않았다. 이 불순종이 죄다. 이 유혹의 때에 아담은 하느님으로부터 눈길을 돌려 자기를 본 것이다. 그 순간 하느님과 관계가 끊어져 네 가지 은총을 모두 잃고 말았다. 아담은 하느님과 관계가 멀어졌을 뿐 아니라 아내 하와와도 하느님이 원하시던 관계에서 멀어져 버렸다.

네 번째 선물인 '완전함'은 자기 분열을 일으켰다. 창세기에

나오는 그 나무는 '선과 악을 아는 나무'다. 그리하여 아담은 자기 분열하여 '하느님의 의지'를 잃은 것이다. 너도나도 다 '인간의 의지'를 가지고 있지만 '하느님의 의지'와 일치하지 않은 '인간의 의지'는 바르게 기능할 수 없다. 매일 매 순간 선택을 도울 '하느님의 의지'를 잃었기 때문에 우리 마음 안에 분열을 일으켜 끊임없이 싸우는 것이다.

예수님께서 루이자 삐까레따 성녀에게 이렇게 말했다.

"모든 사람이 죽는 순간, 영혼이 육체에서 떠날 때 나는 창조주로서 그 영혼 앞에 나타나 그 영혼이 생애 중 얼마나 나, 예수를 사랑했는가를 보여준다. 그리고 그 영혼에게 묻는다. 구원받고 싶으냐고. 그 영혼이 '예' 하고 답하는 것만으로 구원받을 수 있다. 그러나 그 영혼의 '인간의지'를 돕는 '하느님의 은총' 즉, '하느님의 의지'가 부족하여 몇 번이고 유혹에 떨어져 '하느님과 함께 있고 싶지 않다'고 말해버린다"

우리 인생을 돌아보자. 하느님께서 나에게 바라시는 것과 지금 내가 얼마나 다른 데 있는가를 돌아보자. 영원한 생명을 가진 이가 있는가? 고통받지 않는 사람이 있는가? 모든 것을 완전히 아는 이가 있는가? 선과 악의 지식에 의한 마음속 갈등이 없는 사람이 있는가?

우리의 '인간의지'를 힘있게 돕는 '하느님의 의지'를 깊이 간직하고 싶지 않은가.

루이자 삐까레따의 영성에 관한 브라운 신부의 강론 중에서

"우리를 낳아준 아버지는 잠시 동안 자기 판단대로 우리를 견책하지만 하느님께서는 우리에게 이익을 주며 우리를 당신처럼 거룩하게 만드시려고 견책하시는 것입니다"히브 12,10

점니 고모의 "어부~바"

하이얀 모래 가이 없고

작은 구름 위에 노래는 숨다.

아지랑이같이 아른대는

너의 그림자

그리움에 홀로

여위어 간다.

박용철의 시 '너의 그림자' 에서

살아 계시다면 아흔 살쯤 되셨을까? 요절한 천재시인 박용철이 20대 젊은 나이에 쓴 '너의 그림자'라는 시의 몇 구절이다. 그토록 오랜 세월 잊혀지지 않고 가끔 떠올라 시인이 세상에 살았던 기척을 일깨워주곤 한다.

하이얀 모래 가이 없는 끝없는 지평 저 멀리 옛 노래 숨긴 듯 한 점 구름은 떠있는데, '아지랑이같이 아른대는' 그리운 사람의 그림자만 잡힐 듯 머언 그리움에 홀로 여위어 간다는 것이다. 오랜 날을 여위어 가며 그리던 그를 시인은 저승에서라도 만났을까?

오늘날에도 이렇게 그리운 사람을 그리워하며 여위어가는 애틋한 마음의 삶을 사는 사람이 있을까 생각해 보게 된다. 오랜 그리움 끝에 만나는 참된 일치의 만남은 어쩌면 꼭 시인이 아닌 평범한 우리 누구라도 바라며 이루고 싶은 꿈일지도 모른다.

근년에 우리는 긴긴 세월 남남처럼 떨어져 살다가 골 깊은 주름살 위에 흥건히 고여 오는 눈물의 얼굴을 서로 맞부비며 만나는 남북 이산가족들을 보며 함께 울고 웃기도 하고, 가난했던 어린 날 뿔뿔이 흩어졌다 자녀들까지 둔 나이가 되어서야 그 옛날 헤어졌던 가족이 맞는지를 꼬치꼬치 확인하며 만나는 장면을 TV에서 보며 감동받기도 한다.

그렇게 만난 그들은 그 뒤 어떻게 되었을까? 헤어져 살았던 일들을 아프게 되새기며 서로를 아끼고 사랑하며 값진 삶을 살아갈까?

서로가 다시 만난 반가움 속에서도 그 새로 만난 가족들 간의 이해득실에서 오는 새 갈등으로 오히려 만난 것을 후회하며 사는 일은 없을까 생각해 보게 되는 것이다.

이 세상 사람들 사이에 완전한 일치의 만남이 이뤄질 수 있을까? 우리는 서로 큰 낭떠러지를 사이에 두고 바라보면서 참되게 만나자고 억지를 쓰고 있는 것은 아닐까?

우리 안에 얼마나 많은 불일치의 요인들을 가지고 있는가를 헤아려 보면 멀고 가까운 모든 분들과의 만남이 무서울 때가 있는 것은 나만의 도량 없는 과민반응 탓일까?

나는 가끔 내가 누구 한 사람이라도 완전하게 이해할 수 있는 능력과 도량을 가지고 있는가를 반문해 보곤 한다. 또 나는 누구 한 사람으로부터라도 완전하게 이해받고 사랑받을 수 있는 그런 행운을 만날 수 있을까도 생각해 본다. 아무리 생각해 봐도 양쪽 다 자신이 없는 것이다.

우리는 흔히 성당 안의 모임 같은 데서 곧잘 일치하자고 말하곤 한다. 서로 불일치의 요인만을 잔뜩 가지고 있는 사람들끼리 어떻게 일치하자는 것인가? 딱하게만 생각되는 때가 있다.

옛 고향집 뒤뜰에 있던 묵은 감나무와 대밭 건너 뒷집에는 '남촌 할머니'가 살고 계셨다. 큰딸과 데릴사위와 함께 작은딸 점니가 살고 있었는데 작은딸 점니는 반벙어리였다. 거기에 덩치는 커서 가난한 살림에 꾸역꾸역 밥도 많이 먹는 미운 딸이었다. 그런 그녀가 나를 곧잘 업어주는 것이었다.

어둔한 말씨로 "어부~바" 하며 널찍한 등을 내 앞에 들이대곤 했는데 그 등에 업히면 나는 말을 탄 듯 든든하고 좋았다. 그러다가 그녀는 나를 땅에 내려놓고 달아나며 "나 잡아라. 나 잡아라~" 하는 것이었다.

그 점니 고모가 어느 날 멀리 만주땅 가까운 압록강 근처로 떠나게 된 것이다. 압록강 수력발전소에 근무하는 아들과 살고 있다는 집안 아주머니가 친정집에 다니러 온 일이 있었는데, 집으로 돌아가는 그 아주머니 편에 점니 고모를 딸려 보낸 것이다.

큰딸과 사위의 은근한 성화가 얼마나 견디기 어려웠으면 남촌 할머니가 반벙어리 작은딸을 그렇게 보냈을까? 긴 세월이 지난 지금도 더러 생각나는 것이다.

내가 놀란 것은
어젯밤 뽕나무 밭
쓸고 간 바람

뽕잎들을 쥐어뜯고
지나간 바람

그게 일제 말엽이었어

두만강 건너엔가
버리고 왔던

반벙어리 점니 고모
울고 간 바람

내가 놀란 것은
어젯밤 뽕나무 밭
쓸고 간 바람

시 '바람' 에서

한마디 말조차 제대로 하지 못하여 친어머니와 친언니로부터 만주 낯선 땅으로 버려진 점녀가 마침내는 죽어서 버려진 원혼이 되어 노여운 바람으로 돌아와 뽕잎들을 쥐어뜯는 것이다.

참된 일치의 어려움을 통감하며 이 시대에 어떤 가정이 참되게 하나를 이루어 오순도순 사는가를 한번 묻지 않을 수 없는 것이다.

"야훼께서 카인에게 물으셨다. '네 아우 아벨이 어디 있느냐?' 카인은 '제가 아우를 지키는 사람입니까?' 하고 잡아떼며 모른다고 대답하였다. 그러나 야훼께서는 '네가 어찌하여 이런 일을 저질렀느냐?' 하시면서 꾸짖으셨다. '아우의 피가 땅에서 나에게 울부짖고 있다'"창세 4,9-10

"'밖에서 몸 안으로 들어가는 것은 사람을 더럽히지 못한다는 것을 모르느냐? 모두 뱃속에 들어갔다가 그대로 뒤로 나가버리지 않느냐? 그것들은 마음속으로 파고들지는 못한다' 하시며 모든 음식은 다 깨끗하다고 하셨다.

그리고 다시 이렇게 말씀하셨다. '참으로 사람을 더럽히는 것은 사람 안에서 나오는 것이다. 안에서 나오는 것은 곧 마음에서 나오는 것인데 음행, 탐욕, 악의, 사기, 방탕, 시기, 중상, 교만, 어리석음 같은 여러 가지 악한 생각들이다. 이런 악한 것들

은 모두 안에서 나와 사람을 더럽힌다'"^{마르 7.18-23}

세상 어느 누가 "나는 아니요"라고 말하며 이 말씀 앞에 머리를 들 수 있겠는가? 이렇게 악한 세상에 참된 만남을 보는 것은 큰 기쁨이 아닐 수 없다. 그것도 서로를 살필 수 있는 여유 있는 처지에서가 아니고, 스스로도 고통으로 가눌 수 없는 그런 속에서 사랑하는 사람의 고통까지 배가 되는데도 서로에 대한 깊은 신뢰와 사랑으로 아버지의 뜻에 일치하여 나아가는 '십자가 상에서의 주님과 성모님의 만남'을 생각해 보는 것이다.

나는 우리 청담동 성당 새벽미사 때마다 한 반백의 중노인이 영성체 때 행하는 경건한 거동을 보며 매우 큰 기쁨을 느낀다. 양손을 모아 성체를 받은 채 옆걸음으로 몇 걸음 옮기시는 그 거동이 어찌나 경건하고 평화로운지… 참 거룩한 만남을 이 세상에서 보는 것이다. 오래오래 마음에 남게 하는 그분의 주님과의 만남을 미사 때마다 바라볼 수 있는 것은 나의 큰 기쁨이 아닐 수 없다.

꽃이 피는 날

나는 무슨 물이 들었는고

1980년대 초반 미당 서정주 선생이 두 아들이 가 있는 노스 캐롤라이나에 가던 길에 LA에 잠깐 들른 적이 있다. 나도 마침 LA 근처에 있던 때라 공항에도 모셔가고 비행기편도 안내하고 탑승수속도 돌봐드렸다.

타고 갈 항공편 탑승구를 찾아 위아래층을 오르내리던 엘리베이터 안에서 선생이 갑자기 매우 딱한 표정을 지으며 어린아이처럼 "나, 오줌 쌌어!" 하시는 것이었다. 출발시간이 거의 다 된 때라 아무 대책도 취하지 못하고 그대로 보내드려야만 했다. 평소에도 그다지 건강하지 않은데다 맥주만으로 살다시피 하는 어른이라 혹시 비행기 안에서 무슨 일이라도 나지 않을까 여간 걱정되는 것이 아니었다.

그날 밤 나는 돌아와서 선생님과의 이런저런 일들을 생각하며 무엄하게도 조시弔詩 한 편을 썼다.

가는 길

한세상 살고 가는 길이다.
세상 근심 다 벗고 가는 길이다.
새 옷 갈아입고 가는 길이다.

이제는 아무 두려움 없이
저 거룩한 성 향하여
어서 이 낡은 성문을 나서자.

떠나는 사람의 그리움으로
철마다 겹겹 포개진 꽃잎들의
꽃은 피리라.

뒤돌아 보지 않고 가는 길이다.
이제는 다 잊고 가는 길이다.

가다가 깊은 밤엔
별에 들어 잠들자.

한세상 곤히 살고 가는 길이다.
하얀 새 옷 갈아입고 가는 길이다.

더 밝은 세상으로 가는 길이다.

  그 선생께서는 부인이 작고한 지 얼마 안 된 초가을 세상을
뜨셨다. 병원에 우리 내외가 찾아갔을 때 매우 위중한 병고 속
에도 특별히 내 안사람에게는 예의를 갖추려 애쓰셨다.
  부인이 임종 가까워서 정신이 흐린 때가 있었는데 그런 부인
께도 선생은 매우 깍듯했다. 우리 남정네들이 소홀하기 쉬운 여
인네들에 대한 예우를 선생은 각별히 챙기시는 것 같았다.

  울타릿가 감들은 떫은 물이 들었고
  맨드라미 촉규蜀葵는 붉은 물이 들었다만
  나는 이 가을 날 무슨 물이 들었는고

                                서정주 '秋日微吟' 에서

  나는 무슨 물이 들었는고? 누구에게도 아닌 스스로에게 준엄

한 성찰과 반성의 질문을 던지며 살아온 삶이 말년에 이르러서는 허물없는 당신의 아내나 보잘것없는 제자의 아내까지도 깍듯이 챙기는 그런 분이 되게 한 것이 아닌가 생각되었다.

20년도 더 된 일인데, 내가 찾아갔던 어느 집 문간방에 김기창 화백의 잘 익은 붉은 감과 감잎이 어우러진 화폭 속에 정겨운 미당 특유의 날렵한 먹글씨로 이 한 구절의 시가 씌어있던 것이 기억난다. 같은 글귀가 어느 가을에는 광화문 교보 빌딩 전면에 드리워진 현수막 속에서 나부끼고 있었다.

미당이 세상을 떠난 해이기에 지나가는 사람들의 감회가 더욱 깊으리라는 생각이 들었다.

　　대추 물들이는 햇볕에
　　눈 맞추어 두었던 눈썹

서정주 '추석' 에서

마당이나 울타릿가, 장독대, 뒤뜰 같은 데 대를 이어 함께 살아 온 대추나무, 감나무, 맨드라미, 개나리, 석류꽃, 복숭아꽃, 살구꽃… 이런 꽃들이나 열매들을 물들여오는 빛깔들을 관조하며 미당의 시상은 맞들고 물들어갔던 것일까?

군침이 돌게 하는 친근한 신비경이 어디 먼 곳이 아닌 바로 그런 데 있었던 것이다.

내 영원은

물빛 라일락의

빛과 향의 길이로다.

서정주 '내 永遠은' 에서

마침내는 생사를 초월해 있을 당신의 영원까지도 '물빛 라일락의 빛과 향'으로 언제부턴가 미리미리 느끼며 살았던 미당 서정주! '눈이 부시게 푸르른 날은 그리운 사람을 그리워하자'며 계절 따라 만물을 물들여오던 것들에 유다른 사랑과 감수성으로 숨죽이며 감동하던 분이었기에 하늘나라에서 막상 당신은 무슨 물이 들어 있을까 궁금해지는 것이다.

인간의 지상생활이 도달할 곳은 어디일까? 하느님께서 물들이고 싶은 세상은 어떤 것일까? 오랜 세월 하느님으로부터 떨어져 살아온 인간들, 폭력과 공포, 잡다한 시끄러움, 일체 만물을 휩쓸며 오염시키는 말과 영상의 물결, 제한 없는 이기주의와 끝이 안 보이는 거짓과 음란한 죄악들, 죽음의 진수렁이 된 이 세상을 하느님께서는 어떤 사람들을 통하여 무슨 빛깔로 물들이고 싶으신 것일까?

"예수께서 베드로와 야고보와 요한만을 따로 데리고 높은 산으로 올라가셨다. 그때 예수의 모습이 그들 앞에서 변하고 그

옷은 세상의 어떤 마전장이도 그보다 더 희게 할 수 없을 만큼 새하얗고 눈부시게 빛났다"마르 9,2-3

하느님의 '말씀'께서 사람으로 나셨기에 평소 우리와 조금도 다름이 없던 예수 그리스도께서, 제자 세 사람과 함께 올라가신 높은 산에서는 하늘나라의 빛으로 물들었던 것이다. '세상의 어떤 마전장이도 그보다 더 희게 할 수 없을 만큼 새하얗고 눈부신 빛'으로.

여기서 우리는 하늘나라보다 훨씬 덜 밝은 데서 그런 줄도 모르고 살고 있음이 분명해진다. 온 세상 수십억 인구 한 사람 한 사람은 무엇인가에 잘못 물들어 있는지도 모른다는 생각도 하게 된다. 바울로 사도가 다마스커스로 가던 길에 만났던 주님은 바울로 사도의 눈이 멀 정도로 밝은 빛 속에 계셨다. 우리 모두가 밝다고 생각하는 이 세상의 밝음과는 비교도 안 되는, 하늘나라의 눈부신 밝음! 이 세상 사람의 눈으로는 감당 못할 하늘나라의 밝음이 짐작되는 것이다.

에덴동산에서 쫓겨났던 당신 자녀들을 당신과 다시 화합하여 살 수 있는 존재로 바꾸어 거두시려고 외아들이시며 당신의 '말씀'이신 분을 세상에 보내신 하느님께서 얼마나 철저히 당신께 합당한 빛깔의 사람들로 바꾸려 하셨는가를 우리는 주의 깊게 살필 필요가 있다.

왜 '말씀'의 어머니는 동정녀여야 했고 원죄 없이 잉태되어 나신 분이어야 했는가를 우리는 온 주의력을 기울여 알 필요가 있는 것이다.

하느님께서 새 사람들로 새 세상을 꾸미실 때 철저히 배격해야 할 것은 무엇이던가? 그것은 바로 에덴동산에서 아담과 하와를 물들였던 뱀으로부터 받은 죄의 빛깔이요, 죽음의 빛깔이다. 원죄에 물들고 또 긴 세월 죄에 물들며 이어져 내려오는 이 세상 어느 여인에게서도 '말씀'은 흠 없고 티 없는 인성과 육신을 취할 수가 없었던 것이다. 또 동정녀가 아니었다면 원죄가 없더라도 남자를 통하여 뱀에게서 비롯된 죄의 세력이 스며들어 여인의 태를 더럽혔을 것이었다.

이런 까닭에 '말씀'의 어머니는 원죄조차 없이 맑은 여인, 성결한 동정녀여야만 했다. 성자께서 인성과 육신을 취하여 사람으로 나실 때 털끝만 한 죄라도 스며들었다면, 죄 없는 예수 그리스도께서 아버지 하느님의 정의에 바치는 값진 희생제사도, 부활하실 수 있는 인류 최초의 죄 없는 거룩한 죽음도 이룩하실 수 없었을 것이다.

오직 홀로 원죄 없으시고, 홀로 동정녀이신 맑고 성결하신 성모마리아를 통해서만 사람이 되어 구세주로 오실 수 있었던 것이다.

하느님께서는 죄에 물들지 않은, 죄와 상관없는 두 분, 성자이신 성체 예수님의 피로 씻어 새 살을 입히시고, 이 시대에 당신을 '쥐어짜서' 주시는 성모님의 향기와 기름으로 거듭 덧입혀 당신과 영원히 함께 살 당신 자녀들을 흠도 티도 없는, 온전한 하늘나라의 맑음으로 물들이려는 것이다. 그리하여 그들 안에 당신의 부성을 반영하시어 충만한 생명과 기쁨으로 새로 낳아 주시고자 하는 것이다.

"생명의 나무를 차지할 권세를 얻고 성문으로 그 도성에 들어가려고 자기 두루마기를 깨끗이 빠는 사람은 행복하다"묵시 22,14

창조주의 매품

홍부전에 가난한 아내와 배고픈 자식들을 위하여 매품을 팔러 떠나는 홍부의 이야기가 나온다. 홍부의 아내가 깜짝 놀라 이를 만류한다.

"여보시오, 아이 아버지! 매품이라니 이게 무슨 말이에요. 강도질을 했는지, 사기죄를 지었는지 남의 죄를 어찌 알고 대신 매를 맞겠다고 하세요?

여러 날 굶은 몸에 감영 곤장 맞게 되면 몇 대 안 맞아서 죽을 터이니 어서 가서 못 가겠다고 하세요.

만일에 가려거든 나를 죽여서 묻고 가세요. 가지 마오, 마오

마오. 내 말대로 가지 마오. 만일 갔다가 매 맞아 죽게 되면 줄초상이 날 것이니 부디 내 말 건성으로 듣지 마소"〈흥부전〉에서

가난하고 굶는 처지에도 매품만은 못 팔게 만류하는 흥부 아내의 마음이 인지상정 보편적 인심일 것이다.

더러 공중목욕탕에서 있는 일이지만 물에 몸을 담그고 문지르고 오랜 시간 씻고나서 헹구기까지 한 다음에 옆 사람의 억센 비누칠에 튀어오는 비눗물은 달갑지 않다. 한 번 더 씻으면 되는 일인데도 과민반응이 일어난다.

이렇게나 인색하고 이기적인 인간세계에 온 인류의 죄를 뒤집어쓰고는 매품을 팔러 창조주께서 몸소 인성과 육신의 사람으로 오셨다. 어떻게 이따위 인간들을 위하여 모든 것의 주인이신 창조주께서 천한 육신을 입고 매 맞고 못 박혀 죽어주러 오신 것일까!

"낮 열두 시 쯤 되자 어둠이 온 땅에 덮여 오후 세 시까지 계속되었다. 태양마저 빛을 잃었던 것이다. 그때 성전 휘장 한가운데가 두 갈래로 찢어졌다.

그리고 예수님께서 큰소리로 '아버지, 제 영혼을 아버지 손에 맡깁니다!' 하시고는 숨을 거두셨다. 이 모든 광경을 보고 있던 백인대장은 하느님을 찬양하며 '이 사람이야말로 죄 없는 사람

이었구나!' 하고 말하였다.

구경하러 몰려들었던 군중도 모두 그 광경을 바라보고 가슴을 치며 돌아갔다. 예수의 친지들과 갈릴래아에서부터 그분을 함께 따라온 여자들도 멀찍이 서서 그 모든 일을 지켜보고 있었다."루카 23,44-49

"빛이 생겨라!" 이 한 말씀으로 어둡던 세상이 밝아졌다. 그 좋은 빛 속에도 밝음만 있고 따스함이 없었더라면 짐승이나 사람이 생겨났어도 추워서 몹시 떨었을 것이다.

'뼈의 뼈요, 살의 살'인 여자를 지어주시지 않았더라면 갈비뼈는 하나 더 남아있었겠지만, 우리 어머니와 나의 아내는 어디서 어떻게 만날 수가 있었을까?

또 짐승들도 다스릴 수 있게 해주시지 않았더라면 우리들은 개한테도 끌려다니고 소도 말도 코끼리도 우리가 업고 다니느라 진땀을 뺐을지도 모를 일이다. 호랑이한테 뜯기고 사자한테 물리면서, 운수 나쁘면 동물원에 잡혀가 들어앉아 짐승들의 놀림감이 되어있을지도 모를 일이다.

하느님의 모습대로 지음 받은 우리 인간들이란 얼마나 복된 피조물인가! 이렇게나 한없는 축복 속에 인류의 삶은 시작되었던 것이다.

제 자식과 제 아내를 위해서도 죽기는커녕 매 맞기도 꺼리는 인간세계에 오셔서, 비눗물 한 방울로도 자기의 깨끗함을 손해 보지 않으려는 인색한 인간들로부터 죄와 죽음을 걷어내기 위하여 몸소 매 맞고 죽으신 창조주… 그런 창조주의 참된 아들, 딸들로 거듭 태어나는 사람들은 얼마나 복되며 그렇지 못한 사람들은 얼마나 불행한가 하는 것이다.

촛대도 가져가시오

1

"아, 당신이구려!" 하고 주교는 장발장을 바라보며 말했다.

"참 반갑소. 그런데 어찌 된 셈이요? 나는 당신에게 촛대도 드렸는데 그것도 역시 그 그릇들과 마찬가지로 은이니 200프랑은 넉넉히 받을 수 있을 거요. 어째서 그것도 그 그릇과 함께 가져가지 않으셨소?"

"형제님!" 하고 주교는 다시 말을 이었다. "가시기 전에 여기 당신 촛대가 있으니 가져가시오"

재워준 사제관에서 은그릇들을 훔쳐 달아난 장발장을 데려온 경찰관들 앞에서 그것은 다 내가 준 것이라고 감싸주며 은촛대까지 가져가라고 용서하는 주교. 이 장면은 내가 중학생 때 읽었던 '레미제라블'의 감동적인 한 장면이다.

전주 하숙방에서 그날 밤 나는 얼마나 포근했던가. 용서받는 포근함을 장발장 못지않게 느껴봤고 주교님이 그렇게 고마울 수가 없었다. 그 뒤 살아오면서도 이 장면을 떠올릴 때마다 살맛이 느껴졌으며 이 글을 쓰고 있는 이 순간에도 담배쌈지를 조끼주머니에 지니신 구수한 할아버지의 품속처럼 포근함을 느끼게 되는 것이다.

"장발장, 나의 형제여! 당신은 이미 악이 아니라 선에 속하는 사람이요. 내가 값을 치르는 것은 당신의 영혼을 위해서요. 나는 당신의 영혼을 암담한 생각과 파멸에서 끌어내어 그것을 천주께 바치려는 것이오" 내 영혼에 속삭이는 주교님의 이 말씀과 함께…

2

"예수께서 사마리아 지방의 시카르라는 동네에 이르셨다. 이 동네는 옛날에 야곱이 아들 요셉에게 준 땅에서 가까운 곳인데 거기에는 야곱의 우물이 있었다.

먼 길에 지치신 예수께서는 그 우물가에 가 앉으셨다. 마침 그때에 한 사마리아 여인이 물을 길으러 나왔다. 예수께서 그를 보시고 물을 좀 달라고 청하셨다"요한 4,5-7

"당신은 유다인이고 저는 사마리아 여자인데 어떻게 저더러 물을 달라고 하십니까?" 이렇게 되묻는 여인에게 "'하느님께서 주시는 선물이 무엇인지, 또 너에게 물을 청하는 내가 누구인지 알았더라면 오히려 네가 나에게 청했을 것이다. 그러면 내가 너에게 샘솟는 물을 주었을 것이' 하고 대답하셨다"요한 4,9-10

목마르지 않을 그 물을 좀 달라는 여인에게 "네 남편을 데려오라" 하신다. "그 여자가 남편이 없다고 대답하자 예수께서는 '남편이 없다는 말은 숨김없는 말이다. 너에게는 남편이 다섯이나 있었고 지금 함께 살고 있는 남자도 사실은 네 남편이 아니니 너는 바른대로 말하였다' 하고 말씀하셨다"요한 4,15-18

이 여인이 당신이 메시아임을 알아차리고 용서받을 수 있도록, 주님께서는 목마른 사람처럼 "나에게 물을 좀 다오" 이렇게 청하시며 불쌍한 여인의 마음속에 다가가시어 영원히 목마르지 않을 생명의 물을 주고자 하신다.

몇 년 전 나는 일본 동경 이냐시오 성당에 있는 책방에서 우연히 펼쳐 든 성경에서 이 장면을 읽다가 눈물이 어떻게나 쏟아지던지 소년처럼 펑펑 운 일이 있다. 이렇게 그분의 '말씀' 안에는 그것이 '말씀'임을 증명하는 사랑의 능력이 숨겨져 있는 것이다.

3

"자캐오라는 돈 많은 세관장이 있었는데 예수가 어떤 분인지 보려고 애썼으나 키가 작아서 군중에 가려 볼 수가 없었다. 그래서 예수께서 지나가시는 길을 앞질러 달려가서 길가에 있는 돌무화과 나무 위에 올라갔다. 예수께서 그곳을 지나시다가 그를 쳐다보시며 '자캐오야, 어서 내려오너라. 오늘은 내가 네 집에 머물러야 하겠다' 하고 말씀하셨다"루가 19.2-5

자캐오가 남을 속여 부자가 되고 세관장이 된 죄인이었는지는 모르지만 주님을 보겠다고 부자요 세관장인 신분 따위는 내팽개치고 나무 위에 올라간 키 작은 자캐오를 주님은 얼마나 귀엽게 보셨는가를 알 수 있을 것 같다.

"자캐오가 '주님, 저는 제 재산의 반을 가난한 사람들에게 나누어 주렵니다. 그리고 제가 남을 속여먹은 것이 있다면 그 네 갑절을 갚아주겠습니다' 하고 말씀드렸다.

그러자 예수께서 '오늘 이 집은 구원을 얻었다. 이 사람도 아브라함의 자손이다. 사람의 아들은 잃은 사람들을 찾아 구원하러 온 것이다'"루카 19,8-10 하신다.

자신이 죄인인 줄조차 모르고 당신께 뛰어오는 천진한 사람들에게 가까이 오시며 그들이 죄인임을 미처 다 깨닫기도 전에 벌써 용서하시려고 서두르는 주님이심을 알 수 있을 것 같다.

4

"그때에 율법학자와 바리사이파 사람들이 간음하다 잡힌 여자 한 사람을 데리고 와서 앞에 세우고 '선생님, 이 여자가 간음하다가 현장에서 잡혔습니다. 우리 모세법에는 이런 죄를 범한 여자는 돌로 쳐 죽이라고 하였는데 선생님 생각은 어떻습니까?' 하고 물었다. 그들이 하도 대답을 재촉하므로 예수께서 고개를 드시고 '너희 중에 누구든지 죄 없는 사람이 먼저 저 여자를 돌로 쳐라' 그들은 이 말씀을 듣자 나이 많은 사람부터 하나하나 가버리고 마침내 예수 앞에는 그 한가운데 서 있던 여자만이 남아 있었다.

예수께서 고개를 드시고 그 여자에게 '그들은 다 어디 있느냐? 너의 죄를 묻던 사람은 아무도 없느냐?' 하고 물으셨다. '아무도 없습니다, 주님' 그 여자가 이렇게 대답하자 예수께서는 '나도 네 죄를 묻지 않겠다. 어서 돌아가라. 그리고 이제부터 다시는 죄짓지 말라' 하고 말씀하셨다"요한 8,10-11

그 여인을 돌로 칠 수 있는 죄 없는 사람은 한 사람도 없었다. 이제까지 기세등등하던 그들을 무슨 힘이 그렇게 잠재웠을까? 그들 안에 올바른 마음을 불러일으켜 그 자리를 떠나게 하고 그 여인 홀로 주님 옆에 남게 한 힘은 어디서 오는 것이었을까?

그들 안에 있었던 살기등등하던 미운 마음을 잠재운 거룩한 힘이 우리 안에 있는 탐욕, 악의, 속임수, 교만, 우둔함 이 모든 것들도 없애고 말끔히 씻어주면 얼마나 좋을까 생각하게 된다.

죄를 용서하러 오신 주님 앞에 죄인으로 있었던 사람들은 주님을 만났으며, 씻을 죄를 가지고 있었던 사람들은 그 죄를 용서받았으나 씻을 죄가 없다고 생각한 율법학자나 바리사이들은 오히려 죄를 용서받을 수가 없었던 것이다.

"아버지, 제가 하늘과 아버지께 죄를 지었습니다. 이제 저는 감히 아버지의 아들이라고 할 자격이 없으니 저를 아버지의 품꾼으로라도 써주십시오"루카 15,18-19

온 세상 모든 사람들이 참된 마음으로 이렇게 말씀드릴 수 있는 느긋한 겸손과 온유 속에 푹 파묻혀 살 수 있으면 얼마나 좋을까 싶다. 용서하는 마음 앞에서 포근함을 느끼지 않을 사람은 없을 것이다. 그것은 바로 우리를 지으신 하느님의 마음이기 때문이다.

지음 받은 모든 사람이 그분께 나아가 용서받고 모두 다 참
평안을 누릴 날은 올 것인가!

꽃이 피는 날

봄볕이 고이는 뜰입니다.

그립고 아쉬운 오랜 날을
꽃들이 새우는 하늘입니다.

꿈속인가 아니면 졸음 안에서
순이들이 사는 이야깁니까.

어쩌면 모두 다 헤어진 세월을

오늘은 또 너와 나의 꽃이 피는 날.

아늑한 하늘 안
울가에서
말없이 누가 사는 나날입니까.

'맨발이'의 영혼

  이 세상에서 '맨발이'를 아는 사람은 아무도 없을 것이다. 코흘리개였던 내가 우리 동네 '모종'에서 그를 본 것도 벌써 60년 전의 일이었으니까.

  아침 나절 꼬박 불볕 속에서 논을 맨 아저씨들은 밥그릇 안에 담긴 밥보다 그 위에 솟아있는 밥이 더 많은 산같이 높은 고봉밥을 거뜬히 비우고 나른해진 한때를 모종마루 가장자리 도드라진 둘레를 목침처럼 베고 터널공사 현장만큼이나 요란하게 코를 골며 오후의 논매기 전쟁을 위하여 쉬곤 했다.

  누울 자리를 못 찾았거나 그날은 쉬는, 그런 어른들이 '모종'

한 모퉁이에서 쉰 살쯤으로 보이는 '맨발이' 아저씨를 둘러싸고 앉아서 이야기판을 벌이는 것이다. 화제는 항상 '장기 한 판'에 관한 것이었다. 우리 조무래기들이 그에게 몰려들어 "맨발이, 장기한판 두어봐" 하며 목청을 높여봤자 그는 거들떠보지도 않고 묵묵히 앉아있기만 했다.

그를 둘러싼 어른들 중 누군가가 써럭초 한대를 잘 말아 불붙여 건네면 그것을 맛있게 빠는 것이었다. 그런 뒤에 그는 큰 결정이라도 내린 듯 일어서며 오른쪽 검지를 세워 오른쪽 귓구멍을 막고 서서 드디어 혼자 입으로 두는 장기판을 벌였다.

"오늘 날은 하심심하니 장기나 한판 두어 볼거나…" 이렇게 시작되는 장기판이었다. 말이 어디로 뛰었는지, 포가 무엇을 덮쳤는지, 외통수를 보고 차가 어디로 움직였는지 그런 것은 하나도 기억에 없다. 그가 어디서 살았는지, 진짜 함자는 무엇인지, 가족은 있는지 없는지 그런 것은 알 수가 없다.

다만 아는 것은 날이 궂을 듯 싶은 마파람 부는 그런 날에 무슨 일인가 바쁜 듯 맨발로 우리 동네 남쪽 멀리 있는 '마태실' 쪽에서 혼자 중얼중얼거리며 건너온다는 것이었다. 그런 그가 내 기억 어느 곳에 숨어 있다가 왜 이제 나타나는 것인지 누구보다나 자신이 매우 궁금하다.

혹시 세례 받지 않은 그를 천국에도 못 보내고 그렇다고 죄인도 아닌 그를 지옥에도 보낼 수 없어 연옥 어디엔가 떨어진 채 저승 어디에도 자리 잡지 못하는 그를, 내가 영하여 내 속에 계시는 성체 예수님께서 세상에 연고 없는 불쌍한 그를 내 기억속으로 밀어 넣어 주시어 그를 위한 연미사라도 한번 드리라는 것일까?

"돌연 나는 상공에 파아란 빛을 보았다. 그리고 이 빛이 하느님께로부터 오는 빛이라는 것을 알았다. 그 빛은 아무리 멀리 떨어져 있는 사람에게까지도 비추어져 이 혹성연옥에서 고통받는 사람들의 마음에 한없는 기쁨과 사랑을 자아내는 것이었다. 사람들은 큰 희망을 가지고 그 빛을 관상하면서 마음을 드높인다. 그때에 나는 이 광선이 사별한 영혼에게 지상에서 바치는 기도라는 것을 이해하게 되었다"

〈미리 다녀온 영원의 세계〉의 저자 화니 모이스이바가 연옥에서 경험한 기록의 일부이다. 여기서 보는 바와 같이 이승과 저승은 멀지 않고 영혼의 세계에서는 유기적으로 연관되어 있다. 화니 모이스이바는 살아계실 때 특별히 신심 깊었던 성인 백부의 영혼에 이끌리어 영원의 세계를 두루 돌고 온 분이다.

그녀는 볼셰비키가 지배하던 공포시대의 러시아에서 아버지를 잃었고 '짐승처럼 쳐들어온' 볼셰비키들이 끼얹은 열탕속에서 어머니를 잃었다. "하느님께 영광 있으라!" 이것이 그녀의 어머니가 남긴 마지막 말이었다.

'1928년 그녀가 33세 때 중국의 한 병원에 입원해 있을 때 심장발작을 일으켜 9일 동안 혼수상태에 빠졌었다. 이 긴 혼수상태 중에 백부의 영혼에 이끌리어 그녀는 영원의 세계를 돌아보고 온 것이다. 그때 그녀가 겪은 특별한 경험들을 그녀는 강한 신앙과 하느님께서 직접 나타내주신 영원의 진리에 의하여 기록했다'는 내용을 그녀의 가족 한 분이 소개하면서 '그에 상응하는 진실한 마음으로' 그녀의 기록들을 읽어달라고 당부하고 있다.

"나는 악마들의 무리가 열을 지어 하늘을 선회하고 있는 것을 보았다. 그들의 발톱에는 죄인들이 거꾸로 낚아 채워져 있었으나 그 발톱에서 흘러 떨어져 땅위에 내팽개쳐진 영혼도 있었다. 사람들은 그 까닭을 잘 모르고 있었다. 악마들은 떨어뜨린 죄인들을 찾으러 왔지만 찾아내지 못한 채로 다른 먹이를 찾아 떠나갔다. 나는 나의 안내자에게 그 의미를 물었다.

그는 이렇게 대답했다. '이 혹성연옥의 표면에 남아있는 자들은 지옥에 갈 정도로 사악하지는 않고 그렇다고 해서 천국으로 갈 정도로 선량하지도 않은 사람들이다. 악마들은 지옥으로 향해가는 도중에 지구에서 직접 이곳에 도착한다. 그들은 죄인들의 영혼을 나르지만 지옥에 가기에 어딘가 마땅하지 않은 구석이 있는 자들은 이와 같이 지옥 가는 길에서 벗어나 이 혹성 위에 남게 되는 것이다'"

이런 까닭으로 지옥에 가야 할 이유가 없는 '맨발이'의 영혼도 어쩌면 아슬아슬한 마지막 순간에 마귀의 발톱에서 놓여나 이곳에 떨어졌는지도 모른다.

누구에게서도 잊혀진 '맨발이'의 고독한 영혼이 써럭초 한대 불붙여 건네주는 이 없는 연옥의 어느 한 곳에서 '장기 한 판'의 구경꾼도 이웃도 없는 황량한 사막 같은 곳에서의 값진 보속의 생활을 마치고 이제는 맑은 정신으로 천국에 오를 날을 고대하고 있는지도 모른다. 그에게 이 세상에서의 기도가 얼마나 값진 선물이 되겠는가.

"너의 영혼은 너의 어머니의 눈물에 의하여 씻겨져 맑아진 것이다. 나는 전능의 하느님께서 다스리시는 천국에 너를 이끌기 위하여 온 것이다"

대천사들의 옹위를 받으시며 이 혹성에 오신 성모님께서 당신의 중재에 의하여 구원 받은 한 죄인이 당신 앞에 나타났을 때 하신 말씀이다. 울어 줄 어머니도 기도해 줄 누구도 없는 '맨발이'의 불쌍한 영혼을 말끔히 씻어 맑혀줄 누군가의 짜디짠 눈물을 우리는 기대할 수 있을 것인가.

창조주께서 보이는 모습으로, 말하는 사람으로 오시어 당신을 내어주신 삶을 새삼 다시 한번 생각해본다.

하늘이 제 빛으로

하늘이 제 빛으로 보이는 날은
새삼 기도문을 외우지 말자.

고운 하늘빛 내려 앉도록
맑게 마음의 뜨락을 쓸자.

배도 돛도 안 보이는 머언 하늘가
하늘과 바다가 하나로 뵈는 날은
묵상도 염도도 고이 멈추자.

나도 내 마음도 아득히 멀고
하늘만 맑게 보이는 날은
아무 기도문도 외우지 말자.

사랑이, 거룩함이 누리에 자욱하면
어떤 기도문도 외우지 말고
처음인 듯 우러러 하늘을 보자.

침묵의 심연

신도네의 침묵

눈여겨보아라!

가시관을 쓰고 십자가에 못 박혀 죽어간 사형수 예수가 무덤에 갇혀 있던 사흘간 몸에 두르고 있었던 그 흔적, 2천 년 긴 세월을 묵묵히 침묵한 신도네의 남아있는 자욱들을.

온몸에 퍼져있는 맷자욱을 보아라. 손발의 못 자욱이며 옆구리의 창 자욱을 보아라. 가시 찔린 이마의 핏자욱을 보아라.

얼마나 뜨거운 사랑의 열로 익어버린 자욱이기에 이토록 오늘날까지 지워지지 않고 남아있는 것일까.

'말씀'이 아닌 것들은 오히려 폭발할 지경으로 넘쳐 떠들썩한 세상천지에 참 '말씀'을 곱게 쌌던 신도네는 지난날의 쓰라렸던 자욱들을 아련히 간직하고 2천 년 긴 세월을 깊은 침묵 속에 가라앉은 바람으로 여기에 있다.

창세의 첫날로부터 모든 것을 다 지으시고 쉬신 이렛날에 이르기까지 하느님께서는 조금도 서두르지 않으시고 느긋하게 태어나고 지어지는 것들을 내려다보시며 "참 좋다"고 기뻐하셨던 것을 알 수 있다.

그러나 그런 하느님께서도 수태고지受胎告知의 그날로부터 예수께서 이 땅에 계셨던 33년 동안은 그렇게 여유 있고 넉넉한 마음으로만은 계시지 못하셨을 것이다.

깜깜한 죄악세상에 하나밖에 없는 귀한 아드님을 벌거숭이로 내려보내 놓으시고 한순간인들 그 아드님으로부터 눈을 떼실 수 있었을까 하는 것이다.

아브라함을 시험하실 때 하느님께서는 그들의 한순간 한 동작을 정관 하시다가 마침내 그의 아들 이사악을 치려는 순간 아브라함의 손을 급히 멈추게 붙드신 하느님이셨다. 하물며 그 아드님이 세상에 계시는 동안 하느님께서는 한 시 한 땐들 그 아들을 잊을 수 있었겠는가.

더구나 그 아들의 갈바리아에서의 수난과 죽음을 내려다보실 때는 어떠셨으며, 무덤에 갇혀있는 아들을 굽어보시는 하느님의 심정은 어떠셨을까. 아마도 이날 하늘의 온 기운氣運이 이 아드님의 무덤을 감쌌을 것이다.

어쩌면 저 창세의 이레 동안 하느님께서 기울이셨던 힘을 모두 합친 것보다 더 엄청난 힘이 이 무덤에 쏠렸을 것이란 생각을 해보게 된다.

복음서는 이 무덤이 열릴 때의 기록을 짧게나마 남기고 있다. 무덤을 지키던 로마의 병사들은 "두려워 떨다가 마치 죽은 사람처럼 되었다"는 것이다. 젊고 건장한 로마병사들이 까무러쳐 돌처럼 굳어버릴 정도의 장엄한 힘, 온 우주를 동원해도 감당 못할 거역할 수 없는 절대적인 힘 앞에 이때까지 세상을 지배하던 죽음의 세력은 무릎을 꿇고 무덤 안 신도네에 싸여 있던 주님을 내어줄 수밖에는 없었을 것이다.

'말씀'이 말없이 얻어맞고 찔리고 못 박혀 숨거두고 묻혔던 그 일의 '침묵의 말씀'인 이 신도네만 여기 이렇게 남게 된 것이다. 무덤의 돌문을 밀치고 무덤을 열어젖힌 힘의 물살!

예루살렘에서 로마로, 이태리로, 온 유럽으로, 소아시아로, 그리스로, 오늘날은 남미로, 아프리카로, 아시아로 줄기차게 물결쳐온 맹렬한 생명의 물살! 깜깜한 어둠 속에 갇혀 살던 우리들의 마음속에도 아득히 번져온 사랑의 물살이여! 생명의 빛이여! 사람들이시어! 교우들이시어! 신학자들이시어!

이제 쓸데없는 논쟁은 그만두자.

무거운 돌은 굴려졌고 무덤은 열렸으며 말 없는 신도네만 여기 남기고 주님은 참으로 부활하셨기 때문이다. 의심할 수 없는 뚜렷한 흔적을 남기고 구세주가 조용히 빠져나간 성해포聖骸布 신도네! 무덤을 열고 하늘에 올라가시며 메시아가 벗어놓고 간 신도네가 여기 있다.

"다시 오마" 하고 움직일 수 없는 기약을 남기신 구세주 예수 그리스도의 '침묵의 신도네'가 여기 있다.

근년에 어느 기도 모임에서 주님께서 이 땅에 주신 말씀으로 이 글을 맺는다.

"나를 십자가에 못 박아 죽인 그들을 위해서도, 극악무도한 죄인을 위해서도, 선한 이들을 위해서도 모두가 회개하여 구원받아 성삼위 안에 하나 되기를 바라며, 지금 이 순간에도 너희와 함께하고자 피 흘리며 너희에게 온 것이다.

나를 위로하기 위해 기도하며 일치하는 너희에게 내어주고 싶지 않은 것이 무엇이 있겠느냐. 인간이었던 내 심장은 천주성과 함께 그리고 인간인 너희의 심장과 더불어 고동친다는 것을 안다면 나와 더욱 친밀해질 것이다.

　더욱 겸손하게 나의 상처를 깊이 묵상하고 나에게 침잠할 때 풍성한 힘을 얻게 될 것이다. 내가 너희에게 준 지고한 사명을 완수하여라"

돌의 밀어 密語

미켈란젤로의 그 유명한 피에타상도 처음에는 그저 하나의 무뚝뚝한 돌이었다.

"그 무덤 입구를 막은 돌을 굴려내 줄 사람이 있을까요?"마르 16.3 주간 첫날 이른 새벽 해가 떠오를 무렵, 십자가에서 처형된 예수가 묻힌 무덤을 찾아가는 여인들의 말이다.

안식일 전날 서둘러 묻었던 무덤을 향해 이제야 차근히 발라 줄 향료도 챙겨 막달라 여자 마리아와 야고보의 어머니 마리아와 살로메가 걱정하며 가고 있는 것이다. 꽤 큰 돌문이었기에 여인들은 그것이 걱정이었다.

예수가 "사흘 만에 다시 살아날 것이다"라고 한 말은 까마득히 잊고 있을 뿐 아니라 아예 염두에도 없었던 것이다. 그러나 무덤에 당도해 보니 그 큰 돌은 이미 굴려져 있었다고 복음서는 기록하고 있다.

누가 그 무거운 돌을 굴려놓았을까? 하늘을 골방에 가둘 수 없듯이 '말씀'을 무덤에 가둘 수 없었던 것인가.

아무튼 이 돌이 누구에 의해선가 굴려지고 나서부터 이 세상의 많은 돌들이 꽤 부산히 옮겨지고 다듬어지면서 바빠지기 시작했다.

이스라엘을 비롯하여 로마와 이태리 등지의 산에 묻혀있던 돌들은 기지개를 켜며 일어나, 어떤 것은 성전의 주춧돌이 되고, 모퉁잇돌이 되고, 기둥이 되고, 제대가 되기도 하고… 예루살렘에서, 로마에서, 피렌체에서, 밀라노에서… 그 웅장한 대리석 성전들은 우뚝우뚝 치솟아올랐던 것이다.

무덤 앞의 큰 돌만 옮겨졌을 뿐 아니라 온 세상의 돌들이 움직였으며 "이 성전을 허물어라. 내가 사흘 안에 다시 세우겠다" 요한 2,19 한 예수의 말씀도 넉넉히 이루어졌다.

이 일들을 시작으로 여기저기서 실려오기 시작한 묵직한 돌덩어리들. 그중에서도 미켈란젤로가 까다로운 눈으로 이리 보고 저리 보아 고르다가 마침내 그의 눈을 잡아끈 무거운 침묵의 돌덩이 하나!

그 신비의 돌덩이 속에서 태어난 죽임 당한 예수와 그를 무릎으로 받아 고이 안고 있는 마리아를 보아라. 처참하게 죽임당한 아들 예수와 그를 안고 있는 어머니의 사랑과 용서와 평화를 보아라.

이 미켈란젤로의 피에타상은 바티칸의 베드로 성전 오른편 한쪽에 놓여있다. 언제나 그곳은 베드로성전 안에서도 특별히 눈에 띌 만큼 많은 사람들이 웅성거린다. 너무 많은 사람들이 모여들기 때문에 눈 감고 마음 잡아 기도하기란 여간 어려운 일이 아니다. 그만큼 순례객들의 발길이 끊이지 않는 곳이다.

이 피에타상도 물론 처음부터 이와 같은 피에타상은 아니었다. 돌산에서 막 떠낸 아무 모양도 갖추지 못한, 보잘것없고 무뚝뚝하게 생긴 돌이었을 것이다.

그러나 우레와 같은 망치질과 매섭고 날카로운 정의 날 끝으로 쓸데없는 크기를 따내고, 얼룩진 데를 쪼아내고, 모난 데를 다듬고 털어내고, 그 많은 아픔을 치르고 나서 이 피에타상은 여기 있는 것이다.

희생과 죽음, 사랑과 평화…

지금 누가 저 피에타상을 돌이라 하겠는가? 사람의 손으로 이루어진, 숨 쉬는가 싶은 창조물 피에타여!

2000년 전 마리아의 태중에서 '말씀'은 사람이 되고, 또 그 어머니 마리아는 '말씀'인 그 아들과 함께 수난과 죽음과 부활 사이를 지나면서 이제는 사람인 어머니 또한 '말씀'이 되어 두들겨도 때려도 쪼아도 갈라질 수 없고 금가지 않는 하나의 '말씀'으로 오래도록 여기 이렇게 있다.

미켈란젤로의 피에타상도 처음부터 저런 사랑의 모습은 아니었다. 그의 마음과 정성으로, 이리 뒤틀고 저리 뒤트는 온몸의 땀으로, 사막을 달리는 말발굽에서처럼 희부연 돌가루의 분진이 피어나는 뼈근한 팔의 부산한 손끝에서 돌은 무거운 침묵을 깨고 묵묵히 말하는 '말씀'이 된 것이다.

탈출 불감증

일본에서 있었던 일이다. 1990년 초겨울 바람 쌀쌀한 어느 날 초등학교 4학년 여학생이 학교에서 귀가 도중 칼로 위협하는 한 젊은 남자에게 끌려갔다. 그날부터 소녀는 그 남자의 집 2층 방에 갇혀 살았다. 남자는 여학생이 도망치려고 하거나 울면 칼을 들이대고, 때리거나 발길질을 했다는 것이다. 그때 열 살이던 여학생이 갇혀 산 지 9년이 지나 열아홉 살이 되어서야 돌아왔다.

유괴범인 남자는 그 여학생이 살던 곳에서 얼마 떨어지지 않은 주택가에 살고, 그 지방의 학교를 졸업했으며 정밀부품 회사에서 약 6개월 동안 일한 적이 있는 34세의 청년이었다.

남자는 2층 방에서 살았고 여학생은 같은 층에서 '텔레비전을 보거나' 하면서 살아왔다는 것이다. 음식은 남자가 플라스틱 보존 용기에 넣어 날라다 주었다고 한다. 아래층에는 그 남자의 어머니가 살고 있었는데 얼마나 무서운 아들이었는지 2층에는 올라가지 않아 갇혀 사는 여학생을 한 번도 본 적이 없다는 이해하기 어려운 그런 가족이었다.

그러던 어느 날 그 어머니가 집안에서 횡포를 부리는 아들을 병원에 신고하여 2층의 남녀 두 사람을 병원에 수용하게 된 것이다. 그런데 그 남자를 몹시 두려워하는 그녀를 수상히 여겨 조사한 결과 9년 전에 납치당한 그 여학생으로 밝혀졌다.

이상한 것은 그녀를 묶어놓거나 어디에 매어놓지 않았는데도 한 번도 도망치려 하지 않았다는 것이다. 결국 소녀는 9년 동안 하루도 안 거르고 저녁상을 차려 놓고 기다린 어머니와 가족들 품으로 돌아갔다.

여기서 우리는 갇혀 있는 일이 답답하고 고통스러울 텐데도 그런대로 길들여져 산 듯한 그 일에 섬뜩한 느낌을 갖게 된다. 2층 방에서 벗어나려는 의지가 거의 고갈되어 버린 채 9년이라는 긴 세월을 살아온 것이다.

이 지구 상에 흩어져 사는 60억 인구 모두 스포츠를 즐기며, 텔레비전을 보며, 여행을 즐기며… 이런 세속의 삶에 길들여져 인생이 귀양살이인 줄 모르고 살다가 마침내 마땅히 그래야 할 것처럼 죽어가는 탈출 불감증의 사람들은 아닌지 생각해보게 된다.

처음 하느님께서는 아담에게 자유의지를 주셨고 영원한 생명을 주셨으며 고통을 모르고 지혜와 완전함으로 사는 축복을 주셨다. 그 아담과 하와가 2,000만 그루 중 한 나무의 열매만은 따 먹지 말라는 하느님의 말씀을 어겨 죽음에 떨어진 것이다.

부활하여 하느님께로 돌아갈 수 있는 길을 알려주는 성서와 복음서가 있는데도 대부분의 사람들은 영원한 생명을 찾아보려 하지 않고 마땅히 그래야 할 것처럼 죽어가고 있다.

세상 사람들 중 참으로 몇 사람이 '새 하늘 새 땅'으로 탈출할 기회를 엿보며 신앙과 희망을 품고 사는 것일까?

하느님께서는 모세를 통해 이집트에서 노예생활에 길들어 가는 이스라엘 백성들을 탈출의 길로 이끌어내신다.

"흠이 없는 일 년 된 수컷이면 양이든 염소든 상관없다. 너희는 그것을 이달 십사일까지 두었다가 이스라엘 온 회중이 모여서 해 질 무렵에 잡도록 하여라.

그리고 그 피를 받아, 그것을 먹을 집의 좌우 문설주와 문 상인방에 바르라고 하여라. 그날 밤에 고기를 불에 구워 누룩 없는 빵과 쓴 나물을 곁들여 먹도록 하는데… 그것을 먹을 때는 허리에 띠를 띠고 발에는 신을 신고 손에는 지팡이를 잡고 서둘러 먹어야 한다"탈출 12,5-11

"예수께서 빵을 들어 축복하시고 제자들에게 떼어 나눠주시며 '받아 먹어라. 이것은 내 몸이다… 이것은 나의 피다. 많은 사람을 위하여 내가 흘리는 계약의 피다'"마르 14,22-24

최후의 만찬으로 나누는 과월절 음식은 탈출에 힘을 주고 활력을 불어넣는 사랑과 생명의 음식이다.

"최후의 만찬이 무엇이냐. 그것은 바로 사랑이며 나눔의 잔치다. 높고 깊고 넓은 나의 사랑 전체를 내 아들 예수와 함께 나의 사랑하는 교황과 추기경, 주교 그 외 모든 성직자와 수도자들 그리고 세상의 모든 자녀들에게 온전히 내어주고자 나를 모두 짜내어 향기와 기름을 주는 것이다. 내가 모두를 위하여 주는 향기와 기름은 하느님의 선물인데 그것은 바로 나의 현존이며 사랑이자 우정이기도 하다"이 시대에 주신 성모님 말씀

인류는 언제 철들어 신구약에서부터 시작하여 이 시대에 이르기까지 줄기차게 탈출을 권하는 하느님의 사랑에 찬 권고를

귀담아듣고 죄와 죽음에서 벗어나 성삼위 하느님과 일치하는 참삶을 이룰 것인가.

9년 동안 하루도 거르지 않고 저녁상을 차려 놓고 기다린 그 여학생의 어머니처럼 아드님을 희생 제물로 내어주셨던 하느님께서는 죄와 죽음에 길들어버린 탈출 불감증의 자녀들을 애태우며 기다리고 있는 것이다.

"그리스도께서는 죽은 자들 가운데서 다시 살아나셔서 죽었다가 부활한 첫 사람이 되셨습니다. 죽음이 한 사람으로 말미암아 온 것처럼 죽은 자의 부활도 한 사람으로 말미암아 왔습니다. 아담으로 말미암아 모든 사람이 죽는 것과 마찬가지로 그리스도로 말미암아 모든 사람이 살게 될 것입니다"1코린 15,20-22

귀양살이 끝날 때 당신의 아들 우리 주 예수님 뵙게 하소서! 아멘!

세례자 요한과 단테의 신곡

−하늘나라에서 가장 작은 이보다 더 작은 자−

"요한은 그리스도께서 하신 일을 감옥에서 전해 듣고 제자들을 예수께 보내어 '오시기로 되어 있는 분이 바로 선생님이십니까? 그렇지 않으면 우리가 다른 분을 기다려야 하겠습니까?' 하고 묻게 하였다. 예수께서 대답하셨다.

'너희가 듣고 본 대로 요한에게 가서 알려라. 소경이 보고 절름발이가 제대로 걸으며 나병환자가 깨끗해지고 귀머거리가 들으며 죽은 사람이 살아나고 가난한 사람들에게 복음이 전하여진다. 나에게 의심을 품지 않는 사람은 행복하다' 요한의 제자들이 물러간 뒤에 예수께서 군중에게 요한을 두고 이렇게 말씀하셨다. '너희는 무엇을 보러 광야에 나갔더냐? 바람에 흔들리는 갈대냐? 아니면 무엇을 보러 나갔더냐? 화려한 옷을 입은 사람이냐? 화려한 옷을 입은 사람은 왕궁에 있다'"마태 11,2-8

"나는 분명히 말한다. 일찍이 여자의 몸에서 태어난 사람 중에 세례자 요한보다 더 큰 인물은 없었다. 그러나 하늘나라에서 가장 작은 이라도 그 사람보다는 크다"마태 11,11

"하늘나라에서 가장 작은 이라도 그 사람보다는 크다" 하느님의 아들 예수 그리스도의 말씀이기에 우리는 여기서 아찔해진다. 그것도 당신이 오실 길을 닦으려 앞질러오신 길 예비자 세례자 요한을 두고 하신 말씀이어서 더욱 그렇다.

하늘나라에 속하는 가장 작은 이보다 더 작다는 말은 무엇을 뜻하는 말씀일까? 혹시 하늘나라에 속하는 사람이 아니라는 말씀은 아닐까? 그렇다면 연옥이나 지옥에 속하는 분이라는 뜻일까? 터무니없는 유추까지 해보게 된다.

세례자 요한이 제자를 시켜 굳이 주님께 확인하는 물음을 묻기 이전에 그는 그분이 메시아임을 알고도 남을 만한 표징을 보았고 그 스스로도 그런 믿음을 고백했다.

"문안의 말씀이 내 귀를 울렸을 때에 내 태중의 아기도 기뻐하며 뛰놀았습니다"루카 1.44 "요한은 모든 사람에게 이렇게 말하였다. '나는 너희에게 물로 세례를 베풀지만 이제 머지않아 성령과 불로 세례를 베푸실 분이 오신다. 그분은 나보다 더 훌륭한 분이어서 나는 그분의 신발끈을 풀어드릴 자격조차 없다'"루카 3.16

"그 즈음에 예수께서 세례를 받으시려고 갈릴래아를 떠나 요르단 강으로 요한을 찾아오셨다"마태 3.13 "예수께서 세례를 받고 물에서 올라오시자 홀연히 하늘이 열리고 하느님의 성령이 비둘기 모양으로 당신 위에 내려오시는 것이 보였다. 그 때 하늘에서 이런 소리가 들려왔다. '이는 내 사랑하는 아들, 내 마음에 드는 아들이다'"마태 3.16-17

태중에서도 이미 주님이심을 알아보고 뛰놀았던 요한, 나는 그분의 신발끈을 풀어드릴 자격조차 없다고 말했던 요한, 하늘이 열리고 하느님의 성령이 비둘기 모양으로 그분 위에 내려오시는 것을 보았고 "이는 내 사랑하는 아들, 내 마음에 드는 아들"이라는 하늘의 소리를 들었던 요한이 아니었던가.

그런 요한이 옥에 갇혀 있으면서는 두 제자를 주님께 보내어 새삼스럽게 묻고 있는 것이다. "오실 그분이 당신이십니까? 아니면 우리가 다른 분을 기다려야합니까?" 쉽게 말하자면 "당신이 진짜입니까? 가짜입니까? 또 다른 진짜를 기다려야 합니까?" 이런 뜻이 아니겠는가. 주님께 세례자 요한이 물을 만한 물음이었나 생각해보게 된다.

그러나 주님께서는 〈論語〉나 〈明心寶鑑〉을 익힌 제자에게 '하늘 天 따 地'를 새삼 일러주듯이 "듣고 본 대로 요한에게 가서 알려라. 소경이 보고 절름발이가 제대로 걸으며 나병환자가 깨끗해지고 귀머거리가 들으며 죽은 사람이 살아나고 가난한 사람들에게 복음이 전하여진다"고 일러 보내시면서도 "나에게 의심을 품지 않는 사람은 행복하다"고 한마디 덧붙여 말씀하고 계시다.

그 요한의 제자들이 돌아간 다음 주님께서는 잠잠히 참고만 계실 수가 없으셨던지 군중에게 '요한을 두고' 이렇게 말씀하시는 것이다. "너희는 무엇을 보러 광야에 나갔더냐? 바람에 흔들리는 갈대냐? 아니면 무엇을 보러 나갔더냐? 화려한 옷을 입은 사람이냐? 화려한 옷을 입은 사람은 왕궁에 있다"마태 11.7-8

이 말씀 속에 주님의 격한 노여움이 숨어있지 않다고 누가 말할 수 있겠는가.

낙타 털 옷을 입고 허리에 가죽띠를 두르고 메뚜기와 들꿀을 먹으며 "회개하여라. 하늘나라가 다가왔다!"고 유다 광야에서의 그 힘있는 외침소리는, 그가 감옥에 갇혀 있는 지금에 와서는 한낱 신념 없는 메아리로 그 광야의 갈대들만 흔들고 지나가 버린 바람소리에 그치고 말았는가.

"여자의 몸에서 태어난 사람 가운데 세례자 요한보다 큰 인물이 난 일은 없습니다" 하고 극찬(?)하시는 말씀 뒤에 "하늘나라에서는 가장 작은 이라도 그보다 큽니다" 하고 왜 주님께서는 너무도 명백하게 결론지어 말씀하고 계시는 것일까?

'설마 세례자 요한이 지옥에야 갔겠는가?' 하고 여러 번 고쳐 해석해 보려 했지만 복음서의 文理로만 추리해볼 때 어떻게도 달리 해석할 길이 없다. 이 일을 두고 십여 년 남짓을 내심 퍽 부심해왔다고 하면 웃으실지 모르지만 소심한 나로서는 어쩔 수 없는 일이었다.

지난 여름, 나는 우연찮게 이태리를 방문할 기회가 생겨 한 달 남짓 이태리 전역의 성지 여러 곳과 루르드, 파티마 등지를 수녀님들과 신부님들의 도움을 받아 돌아보고 온 일이 있었다. 6월 20일에는 계획에도 없었던 이태리 古都 라벤나에 들리게 되었는데 밤 열 시가 지나서 그곳에 도착했다.

서둘러 잠자리를 찾아다니다가 그 밤중에 뜻밖에도 詩聖 단테의 무덤을 만나게 됐었다. 야아! 그 무렵 나는 어느 때부턴가 꽤 오랫동안을 이상하게도 옛 학창시절 읽으려다 그만두었던 단테의 〈신곡〉을 한번 읽어 봐야겠다고 별러오던 참이었기에 그 감동은 남달리 특별했다.

게다가 놀랍게도 그날 밤 나는 단테가 〈신곡〉의 '천국'편을 쓰며 그의 한많은 생애를 마쳐가던 7년 동안 가장 많은 시간을 보냈다던 프란치스코회에 속한 유서깊은 성전, 그 성전의 제대에 붙어있는 뒷방에 묵게 되었다. 며칠 후에 사제서품을 받는다는 한 젊은 부제의 은혜로운 호의에서였다.

그러니까 그날 밤 내가 묵은 방은 단테의 무덤과는 가장 가까이 있는 방으로 그 무덤에서 불과 10미터 정도밖에 떨어져있지 않은 방이었다.

아무튼 그뒤 나는 집에 돌아오던 그날 밤으로 단테의 〈신곡〉을 사서 보기 시작했다. 그 〈신곡〉 마지막 '천국'편의 맨 끝부분, 이제까지 단테를 안내해왔던 그의 영적 애인 베아뜨리체가 성모님의 사랑받는 씨토회 원장이셨던 거성 베르나르도 성인으로 바뀌면서 소개되는 천국편 32곡 중에 이런 글이 있다.

> 항상 성자로서 사막과 순교에 견뎌내고
> 이어서 지옥에서 2년이나 있었던
> 저 위대한 요한의 자리가 크게 떨어져 있다.

그의 아래인 프란치스코 베네딕투스

아우구스티누스, 그 밖의 분들이 둥근 단을

차례차례 아래로 경계를 이루며 잇따라 있다.

단테의 〈신곡〉 천국편 32곡 중에서

천국에서 가장 높은 천국 至高天 상층부 성모 마리아의 하얀 장미 동산에 프란치스코 성인이나 베네딕투스, 아우구스티누스 같은 성인들보다 높은 위치에 세례자 요한은 있다. 그렇지만 그 위대한 세례자 요한이 "지옥에서도 2년이나 있었던…"이라는 이 기록은 잔잔한 감회에 젖게 한다.

그 글 끝에 "그가 순교하고 나서 그리스도가 죽기까지 약 2년 동안 요한은 지옥의 림보에 있었다"는 주해가 붙어있다.

세상에 살아있는 동안의 그의 위대한 행적과 순교의 공로로 천국의 가장 높은 자리에 있는 세례자 요한도 그 순교 직전 감옥에 있는 동안 잠깐 가졌던 의심으로 인하여 "하늘나라에서 가장 작은 이라도 그 사람보다는 크다"는 주님의 준엄한 선고가 있었기에 짧다면 짧고 길다면 긴 2년 동안 어쩔 수 없이 지옥림보에 머물 수밖에 없었던가 하고 홀로 외로운 추리만 해보는 것이다.

최후의 만찬과 첫 미사

주님의 무덤에 나타난 천사가 제자들에게 가서 "주님은 죽었다가 다시 살아나셨고 당신들보다 먼저 갈릴래아로 가실 것" _{마태 28,7}이라고 하기 이전에 벌써 주님께서는 살아계실 때 이미 "나는 부활한 후에 너희보다 먼저 갈릴래아로 갈 것이다"_{마태 26,32 마르 14,28} 하고 말씀하셨다.

그런데도 갈릴래아에 가서 부활하여 돌아오시는 주님을 기다린 사람은 아무도 없었다. 주님이 부활하신 그날 제자들과 여인들은 갈릴래아로 가지 않고 죽은 예수를 찾아 무덤을 향하여 갔을 따름이었다. 요한복음에도 "사실 그들_{베드로와 요한}은 그 때까지도 예수께서 죽었다가 반드시 살아나실 것이라는 성서의 말씀을 깨닫지 못하고 있었던 것"_{요한 20,9}이라고 고백하고 있다.

부활하신 후 열흘쯤 지나서야 베드로를 비롯한 일곱 제자들이 갈릴래아의 어부들로 돌아가 있었던 것이다._{요한 21,2 참조}
"그들은 배를 타고 고기잡이를 나갔으나 그날 밤에는 아무것도 잡지 못하였다. 이튿날 날이 밝아올 때 예수께서 호숫가에서 계셨다. 그러나 제자들은 그분이 예수이신 줄을 미처 몰랐다. 예수께서 '그물을 배 오른편에 던져보아라. 그러면 고기가 잡힐 것이다' 하고 말씀하셨다. 그래서 그들이 예수께서 이르시는 대로 그물을 던졌더니 그물을 끌어올릴 수 없을 만큼 고기가 많이 걸려들었다.
이때 예수의 사랑을 받던 제자가 베드로에게 '저분은 주님이십니다' 하고 말했다. 주님이라는 말을 듣자 옷을 벗고 있던 시몬 베드로는 몸에 겉옷을 두르고 그냥 물 속에 뛰어들었다"_{요한 21,3-7}
"예수께서 죽은 이들 가운데서 살아나신 후 제자들 앞에 세 번째 나타나신 참이었다"_{요한 21,14} 그러나 처음 두 번은 아주 짧은 순간들이었다. 갈릴래아에서의 이 세 번째 만남이야말로 부활하신 후 단 한 번의 느긋한 만남이었다.

주님께서 부활하시어 무덤을 열고 나오신 뒤에도 곧바로 하늘나라 아버지께로 돌아가실 수는 없었다. '최후의 만찬의 파스카와 부활의 파스카' 신비의 나눔은 주님께서 하늘에 올라가신 뒤에도 이 땅 위에서 '영속'되어야 했기 때문이었다. 당신의 부활을 확인시키며 제자들을 살아계실 때의 가르침에 이어 마저 일깨워야 할 일들이 남아있기 때문이었다.

그때로부터 2000년이 다 되는 오늘날에도 이어지는 '말씀의 전례'와 '성찬의 전례'로 이루어지는 '미사성제'를 부활하신 후 무엇보다 먼저 서둘러 제자들에게 익히고 싶어 하셨던 흔적이 있다.

엠마오로 가는 두 제자에게 주님께서는 당신에 관한 말씀들을 일깨우는 일과 빵을 떼어주시는 성사적인 일을 보여주셨기 때문이다. 그들은 그분의 말씀을 듣고 있을 때 "마음이 뜨거워졌고" "빵을 뗄 때에 눈이 밝아졌다"고 했다.

이어서 주님께서는 이 동터오는 티베리아 호숫가에 불을 피우시고 빵과 생선을 준비하시며 첫 새벽의 은혜로운 첫 미사에 고기잡이에 지쳐있는 제자들을 불러들이셨다.

이날 주님께서 주관하신 이 세상에서의 첫 새벽 미사에는 성찬의 전례가 먼저였다. 이 성찬의 전례에 앞서 주님께서는 "방금 잡은 고기를 몇 마리 가져오너라"요한 21,10 이렇게 어리둥절해 있는 제자들에게 당신께서 주신 것을 다시 당신께 봉헌하도록 슬그머니 유도하시며 일깨우는 일을 잊지 않으셨다.

그러신 뒤에 "예수께서 그들에게 '와서 아침을 들어라' 하고 말씀하시며"요한 21,12 "제자들에게 가까이 오셔서 빵을 집어주시고 또 생선도 집어주셨다"요한 21,13 이날은 포도주가 마땅히 없었던지 포도주 대신 생선이었다.

"제자들 중 어느 누구도 감히 '당신은 누구십니까?' 하고 그분께 캐어묻지 않았다. 그분이 바로 주님이시라는 것이 분명하였기 때문이다"요한 21,12 잡혀가시던 날 베푸셨던 최후의 만찬 때와 많이 비슷한 분위기여서 그들은 그분이 주님이시라는 확신을 더 갖게 되었는지도 모를 일이었다.

제자들을 영육간에 배불리 먹이신 후 주님께서는 이 세상에서 마지막으로 그들을 대표하는 베드로에게 특별히 당부하는 말씀의 전례로 이어 가셨다.

"요한의 아들 시몬아, 네가 이 사람들이 나를 사랑하는 것보다 더 나를 사랑하느냐?" "예, 주님. 아시는 바와 같이 저는 주님을 사랑합니다" "내 양들을 잘 돌보아라"

참으로 계시는 분이신 하느님의 아드님께서 육신을 입고 오시어 없는 것이나 다름없는 피조물들 사이에서 33년 긴 세월을 살아내시며 가르치고, 타이르시고, 수난으로 말하고, 죽음으로 말하고도 못다 하시어, 그 죽음에서 살아나서까지 바로 하늘나라로 가시지 않고 갈릴래아로 돌아온 제자들을 찾아서 아직도 덜 차있는 그들의 마음속에 당신의 말씀을 빼곡히 채워넣는 이 장엄한 첫 미사의 말씀의 전례를 행하고 있는 것이다.

"요한의 아들 시몬!" 이렇게 그 뿌리까지를 건드리시며 "네가 나를 정말 사랑하느냐?" 이렇게 다짐하시는 것이다.

"예, 주님. 제가 주님을 사랑하는 줄을 주님께서 아십니다" 베드로의 대답도 즉흥적인 지난날의 그의 대답과는 알아보게 달랐다.

"요한의 아들 시몬아, 네가 나를 사랑하느냐?" 하고 물으시니 세 번이나 말씀하시는 바람에 걱정이 되어 "주님, 주님께서는 모든 일을 다 알고 계십니다. 그러니 제가 주님을 사랑한다는 것을 모르실 리가 없습니다" 하고 말씀드렸다.

"내 양들을 잘 돌보아라"요한 21,17

이와 같이 이날 말씀의 전례에서 주님의 '강론'은 가장 중요한 두 가지 계명을 거듭 일깨우는 무게 실린 다짐과 베드로의 통한의 뼈아픈 대답으로 이어졌다.

결국 "나를 따르라"요한 21,19 하는 말씀으로 주님은 이날의 '강론'을 마치셨다.

주님께서 영광 속에 구름을 타고 이 땅 위에 다시 오시는 그 날을사도 1,11 마태 25,31 기다리는 우리는 어디에서 무엇을 해야 하며 어디를 향하여 갈 것인가 묻지 않을 수 없다.

주님의 '최후의 만찬의 파스카와 부활의 파스카' 신비를 제3의 파스카로 '영속'시켜야 할 이 마지막 탈출의 시대를 사는 우리들은 이 아침 어디로 향하여 가야 할 것인가?가톨릭교리서 1340

새 하늘과 새 땅, 신랑을 맞이할 신부처럼 단장한 그 빛이 매우 귀한 보석 같은 새 예루살렘, 요한이 보았던 그 투명한 순금의 도성묵시 21,1-21. 2 베드 3,13은 어디로 가야 다다를 수 있을 것인가를 생각해 보지 않을 수 없다.

과연 누가 이 시대에 기계적이고, 소극적이고, 미온적이고, 습관적이며, 세속적인 신앙생활에서 벗어나 영광 속에 다시 오시는 주님을 맞으러 올바로 가고 있는 것일까?

에필로그

박일규의 〈그루터기와 햇순〉이라는 시집을 읽었다. 아주 얄팍한 이 시집에서 필자는 참으로 오랜만에 시를 읽는 즐거움을 느꼈다. 인쇄물의 홍수 속에서 좋은 책 만나기가 그만큼 어려워져가고 있는 요즈음 이런 즐거움을 주는 시집과 만난다는 것은 그리 흔한 일이 아니다.

그는 1983년, 50세의 나이에 〈현대문학〉지를 통하여 시단에 등단하였다. 등단 10년 만에 첫 시집을 냈는데 50에 등단하여 회갑에 처녀시집이니 흔한 일은 아니다. 그러나 이 시인을 거론코자 하는 것은 그의 문학이 한국의 현대시에 있어서 소중한 한 위치를 차지하고 있다고 믿기 때문이다.

> 우리 집 뒤안에 있는 묵은 감나무는
> 저승에 한 번 다녀온 나무다.
>
> 할아버지가 세상 버린 뒤에
> 석양마다 노을을 태우며
> 앙상하게 가지만 남더니…

함박눈 오던 어느 겨울밤에는
섭섭하게 살다가 가신 이들의
곤한 꿈결에 서 있던 나무.

봄에는 꽃잎
꽃잎 피우며
떨어지는 꽃들로는 써놓았는가.

― "오오, 이 내 새끼들아"

감나무는
저승을 더러는 다녀오는 나무다.

이것 다 억지일지 모르지만

오오, 거기
그래야 할 나무야.

시 '감나무'에서

　이는 그의 첫 발표 작품일 뿐 아니라 그의 문학세계를 이해함에 있어서 효과적인 실마리가 되어 우선 이 작품부터 음미해보기로 한다.
　고향집 뒤안에 서 있는 묵은 감나무에 대한 감회를 진술한 시인데 그 설정 상황이 매우 토속적이며, 시의 어법 또한 까다롭지 않아서 읽기에 편하다.

그런데 여기에 표상되어 있는 작중 화자의 체험은 아주 특이한 것이다. 고향집 뒤안에 서 있는 그 묵은 감나무는 '저승에 한 번 다녀온' 나무이다. 할아버지가 세상 버린 뒤, 앙상하게 가지만 남긴 채 할아버지 따라 저승으로 떠난 것이 분명한데 봄이 되자 다시 이승으로 돌아와 꽃을 피우고 있다는 것이다.

이 묵은 감나무가 새봄이 되어 피어내는 꽃들도 예사로운 꽃이 아니라는 것이다. 그 떨어지는 꽃들은 저승으로 가신 어른께서 이승의 화자에게 보낸 전갈로 "오오, 이 내 새끼들아"라는 것이다.

화자가 체험하고 있는바 저승의 어른과 이승의 '나' 사이에 이러한 신비적 교감은 이 시집의 도처에서 보게 되는 한 중요한 모티프이다. 이는 가령 '왕솔밭 높이 부는 바람 소리는'의 화자가 왕솔밭 바람소리에서, 낯선 손자 만나러 오는 낯 모르는 할아버지 말소리를 듣는 경우로 표상되기도 하고, '하늘'의 화자가 상쾌하게 개인 하늘에서 돌아가신 어머니의 모습을 보는 경우로서 표상되기도 한다.

'오군도'의 저승문 닫히는 소리, '목련을 보며'의 저승으로 가는 이의 모습 등도 그 예라 하겠다. 시인 박일규가 만나는 거의 모든 자연과 인간사는 이승과 저승에 걸쳐 있고, '가신 이'와 '살아 있는 이' 사이에 걸쳐 있다.

이런 점과 관련하여 고향집 뒤안의 감나무가 '묵은' 감나무라는 것, 그리고 세상 버린 할아버지의 이미지와 겹쳐 있다는 것은 주목해야 할 점이다. 이 시인의 현재의 시간이 대개의 경우 연면한 과거의 시간, '대물려' 내려오는 조상들의 시간과의 관련 속에 지속되고 있다는 점에서 그에게는 다분히 복고주의적인 일면이 있다고 하겠다.

어떻든 그 과거의 시간들, 대물려 내려오는 조상의 시간들은 때로
는 간절한 전갈의 말씀으로 때로는 자상한 타이름으로 때로는 코먹은
듯한 꾸지람의 소리로 이 시인의 현재의 시간 속에 현현하는 것이다.

이리하여 시인 박일규는 고향집 묵은 감나무의 떨어지는 꽃을 통하
여 돌아가신 할아버지의 "오오, 이 내 새끼들아"라는 말씀과 만나는
것이며'감나무', 왕솔밭 바람소리를 통해 세상을 너무 서럽게만 살지 말
라는 조상의 가르침을 듣는 것이며'왕솔밭 높이 부는 사람 소리는', 어둠 짙
은 마을로 물살처럼 밀려드는 오랜 징소리에서 대물려 내려오는 조상
의 타이름을 듣는 것이며'징소리 어운', 성묘 갔다 오는 길의 저녁노을에
서 어린 손자의 귀갓길을 멀리 비춰주는 할아버지, 할머니의 등불을
보는 것이다'노을'.

이러한 복고적 성향과 아울러 그의 시의 어법 역시 전통적인 서정
시의 흐름 위에 뿌리를 두고 있다. 이 시집 도처에서 '정읍사', '가시리'
이래의 한국 서정시의 주조인 정한의 숨결이 느껴지는 것도 이와 관
련되는 면이라 하겠다. '하늘'은 그런 면에서 두드러지는 작품이다.

　　어머니,
　　외동손자 재우시는 고운 숨결의
　　맑은 당신의 하늘이 열렸습니다.

　　첫닭 울면 길어 온 정화수
　　흰 사발에 받쳐들던 마음의 하늘

흰 빨래 헹궈 내는
물내 나는 당신의 하늘입니다.

이 숨쉬는 개인 하늘 여기에 두고
어디서 당신을 찾겠습니까.

우러르면 목메이는 머언 하늘가
부뚜막엔 김 서리는 햇닭 한 마리
열네 식구 국 뜬 마음 깃든 하늘가

우리는 언제 어디를 가나
그 하늘의 복판에 머리 두리라.

어머니,
지난날 근심이랑 함께 이고 사시던

이제는 다시는 닫히지 않을
당신의 고운 하늘이 열렸습니다.

시 '하늘' 에서

첫닭 울면 정화수 떠놓고 축원 올리던 어머니, 가난한 부뚜막에서
햇닭 한 마리로 열네 식구의 허기를 채워주던 어머니, 그러한 어머니
를 회상하는 화자의 간절한 그리움이야말로 정한 그것이라 하겠다.
그러기에 화자는 머언 하늘에 떠오르는 어머니의 영상을 우러르며 목

이 메인다.

　이러한 정한은 이 시집 도처에서 느낄 수 있다. '섭섭하게 살다가 가신 이들의 곤한 꿈결에 서 있던' 고향집 묵은 감나무의 모습으로 나타나기도 하고'감나무', '홀로 된 누님이 말없이 서곤 하던 울가'의 복사꽃의 모습으로 나타나기도 하고'복사꽃', '반벙어리 점니고모 울고 간' 바람의 모습으로'바람' 나타나기도 한다.

　이런 일련의 사실로 보더라도 그는 한국의 전통적인 서정시의 흐름에 뿌리를 둔 시인임을 알 수 있다.

　그런데 여기서 간과할 수 없는 것은, 이 시집에서 볼 수 있는 이러한 정한은 거의 예외 없이 이것과 대조되는 남성적 부계적 권위 내지 교훈과 대응이 되어있으며, 그 부계적인 권위와 교훈에 의하여 그의 정한은 통제를 받고 있다는 사실이다.

　이런 점과 관련하여 '하늘'이라는 시에서 볼 수 있듯이, 어머니의 영상이 하늘과 대응되어 있다는 것은 주목할만하다. 첫 새벽의 정화수, 가난한 부뚜막 등과 더불어 떠오르는 어머니의 영상은 화자에 있어서 농도 짙은 정한의 원천이다.

　'우리 어머니'에도 그러한 정한은 짙게 표상되어 있다. 그런데 그러한 어머니의 영상이 고요한 달밤이나 아련한 꿈결에 떠오르는 것이 아니라, 청명한 대낮의 하늘에 떠오르고 있다는 말이다. 비애와 탄식으로 나아가는 달밤이 아닌 분별과 사려의 터전인 아폴로의 개인 하늘과 연결되어 있다는 말이다. 화자는 온갖 정한 속에 떠오르는 어머니의 영상을 우러르며 목이 메이면서도 그 정한의 심연 속에 탐닉하지 아니하고, 햇닭 한 마리로 열네 식구의 국을 뜬 어머니의 깊은 두

량을 헤아리며 언제 어디를 가나 '그 하늘에 머리 둘' 것을 다짐하는 것이다. 즉 모계적 정한을 부계적 교훈으로 소화하고 있다는 말이다.

박일규의 시 세계에서 볼 수 있는 이러한 부계적 영상은 이 시집 도처에서 볼 수 있다. 그중에서도 '왕솔밭 높이 부는 바람 소리는' 같은 작품은 대표적인 예라 하겠다. 이 시에서 우리는 연면한 과거와 살고 있는 현재 사이의 대응을 볼 수 있다.

왕솔밭에 불어오는 바람 소리는,
가옵신 어른들이 오는 소리다.

낯 모르는 우리 할아버지들,
낯선 손자 만나러들 오는 소리다.

너무 서럽게만 살지 말라고,
죽음도 별것은 아니더라고,
저승 또한 밝은 세상이라고,

일러주시고는 떠나시는가.

왕솔밭 높이 부는 바람 소리는
우리 할아버지 가시는 소리.

하늘 멀리 사라지는 바람 소리여.

시 '왕솔밭 높이 부는 바람 소리는' 에서

여기에서, 낯 모르는 할아버지의 영상이 낯선 손자의 시간 속에 현현하고 있다. 말하자면 부계적 권위가 살아있는 후손들의 시간 속에 현현하여 있다는 것이다. 여기서 주목해야 할 점은, 손자가 할아버지 쪽으로 거슬러가고 있는 것이 아니라 할아버지가 손자를 만나러 오고 있다는 사실이다. 현재가 과거 속으로 칩거해가는 것이 아니라, 과거가 현재와 미래를 만나기 위하여 내려오고 있다는 사실이다.

앞서 필자는, 시인 박일규에 있어서의 복고적 성향을 말한 바 있다. 그러나 그것은 어디까지나 현재와 미래를 전제로 한 바른 지침을 이어받기 위한 것임을 알 수 있다.

따라서 그의 시 세계에서 볼 수 있는 과거 현재 미래의 관계양식은 한국의 전통적 서정시에서 보게 되는 그것과는 정반대의 것이다. 가령 정한의 시인 김소월에 있어서의 과거는 영원한 노스탤지어의 지향점이었다면 박일규에 있어서의 과거는 현재 미래를 조명하는 발판으로서 기능하고 있는 것이다. 이런 면은 '노을'에서도 잘 나타나 있다.

성묘 갔다 오는 저녁
타는 노을은,

아들 손자 가는 길
밝히는 노을.

할머니는 주렁 짚고 서서 보시고,
할아버지는 뒷짐 지고 서서 계시고,

성묘 갔다 오는 저녁
타는 노을은,

할아버지 할머니가
밝혀 든 등불.

활개치며 잘 가라고
높이 든 등불.

시 '노을' 에서

　이 시에서도 시간은 현재에서 과거로 거슬러가고 있는 것이 아니
고, 과거에서 현재 미래에로 흐르고 있다. 지금 아들과 손자가 가는
방향은 저승_{무덤} 쪽이 아니라 저승에서 돌아선 이승 쪽이다.
　시인 박일규의 이러한 미래지향성은 그의 시에서 볼 수 있는 부계
적 교훈주의와 안팎을 이룬다. 그의 시 세계에도 물론 어머니_{'하늘' '우}
_{리 어머니'}, 할머니_{'노을'}를 비롯하여 고모 · 누이 등의 모습이 등장한다.
　그러나 교훈적 권위로서의 이미지를 짙게 풍기며 등장하는 것은 역
시 할아버지이다. 시인 박일규에 있어서 할아버지나 '대물려 내려오
는' 조상은 권위와 지혜의 표상이다. 그 조상들로부터 깊은 삶의 지혜
를 전수받는 것이며, 그리하여 현재 · 미래에 대비하는 지침으로 삼는
것이다. 이런 점에서 박일규는 과거지향적이면서도 미래지향적인 시
인이라 하겠다.
　그의 시집 제목이 〈그루터기와 햇순〉으로 되어 있는 것도 이런 점
에서 시사적이다. 그의 시 세계는 저승과 이승, 할아버지와 손자가 대

응하여 있거니와 동시에 그루터기와 햇순이 대응하여 있기도 하다는 말이다. 그의 시는 그루터기에 뿌리를 두면서도 한결같이 햇순 쪽으로 방향을 설정하고 있다. 그것은 올바른 의미에 있어서의 전통의식이라 하겠다.

박일규에 있어서 이러한 전통의식은 '전주 사람'에서와 같은 애향심으로 표상되기도 하고, '징소리 여운' '장고 독주'에서와 같은 우리 문화에의 돈독한 애정으로 나타나기도 하며, '세계여 이 아침에 서울로 모이자'에서와 같은 당당한 애국심으로 표상되기도 한다.

박일규의 전통의식이 미래지향성과 안팎을 이루는 만남의 모티프이다. 그의 시집의 여러 군데에서 만남이라는 시어를 볼 수 있다. 그 만남은, 낯 모르는 할아버지와 낯선 손자 사이의 만남일 수도 있고'왕솔밭 높이 부는 바람 소리는', 뿔뿔이 흩어졌던 겨레가 징소리와 더불어서 굿판으로 어우러지는 그러한 만남일 수도 있고'징소리 여운', 흥겨운 장고소리와 더불어 '그리운 이면/어디 있는 누구라도 만나 보리라' 하는 식의 만남'장고 독주'일 수도 있다.

헤어짐이 인간사의 어떤 종말을 뜻하는 것이라면, 만남은 그 시작을 뜻하는 것이다. 헤어짐이 추억과 노스탤지어의 계기로 되는 것이라면, 만남은 미래에의 무한한 가능성을 예비하는 것이다. 그의 시 세계가 복고적임에도 그 지향점은 언제나 미래 쪽이라고 말했듯, 이는 곧 그의 시 세계가 만남의 모티프를 기반으로 하고 있음을 반증하는 것이라 하겠다.

김동리는 김소월을 논한 글에서 정한을 규정하여, '다른 무엇으로도 메꾸어질 수 없는 영원한 그리움의 감정'이라 한 바 있다. '정읍사'에서 김소월에 이르는 한국 서정시의 주조를 정한이라 규정할 때, 그것은 임에 대한 영원한 그리움의 감정을 이름일 것이며, 임과의 영원한 헤어짐을 그 계기로 하는 것이다.

박일규의 시 세계에서도 우리는 헤어짐과 아울러 정한의 분위기를 짙게 느낄 수 있지만, 그것들은 언제나 만남의 모티프에로 수렴됨으로써 미래지향성을 이룩하게 되는 것이다. 여기에 이 시인의 옵티미즘이 있다.

박일규에 있어서의 옵티미즘은 이승의 차원뿐만 아니라 저승의 차원에까지 걸쳐 있는 그러한 옵티미즘이다. 박일규에 있어서 이승의 삶이란, '왕솔밭 높이 부는 바람 소리는'의 할아버지 말씀과 같이 너무 서럽게만 살아야 할 까닭이 없는 것이며, 저승 또한 '밝은 세상'인 것이다. 이러한 옵티미즘은 그의 가톨릭적 신앙에서 연유되는 것이라 하겠다.

한세상 살고 가는 길이다.
세상 근심 다 벗고 가는 길이다.
새 옷 갈아입고 가는 길이다.

이제는 아무 두려움 없이
저 거룩한 성 향하여
어서 이 낡은 성문을 나서자.

떠나는 사람의 그리움으로
철마다 겹겹 포개진 꽃잎들의

꽃은 피리라.

뒤돌아 보지 않고 가는 길이다.
이제는 다 잊고 가는 길이다.

가다가 깊은 밤엔
별에 들어 잠들자.

한세상 곤히 살고 가는 길이다.
하얀 새 옷 갈아입고 가는 길이다.

더 밝은 세상으로 가는 길이다.

시 '가는 길'에서

    화자로 볼 때 지금 가고 있는 상여는 이승을 버리고 저승으로 가는 것임이 분명하지만, 그러나 그것은 '이 낡은 성문'을 벗어나서 '저 거룩한 성'을 향하여 가는 것이다. 시인 박일규에 있어서 죽음은 종말이 아니라 새로운 시작인 것이다. 죽음에 대한 그의 이러한 옵티미스틱한 관점은 그의 신앙에서 연유되는 것이라 하겠으나, 그것이 '감나무', '왕솔밭 높이 부는 바람 소리는' 등에서 볼 수 있는 바와 같이 짙은 토속성에 뿌리박음으로써 격조 높은 서정성을 이룩하고 있다.

    죽음에서 새로운 삶의 시작을 보는 이러한 역설은 불교의 한용운에게서 그 탁월한 표상을 볼 수 있다. '알 수 없어요'에서 그는 '타고 남은 재가 다시 기름이 됩니다'라고 하였다. 재가 기름이 되는 역설, 그 것은 곧 죽음이 새로운 삶으로 전환하는 역설이다. 한용운에 있어서 이러한 역설은 이별의 슬픔을 만남에의 희망으로 전환시키는 것으로 표상되기도 한다.

'님의 침묵'의 화자는 임과의 이별을 슬퍼하면서도 그 슬픔의 힘을 옮겨 새 희망의 정수박이에 들어부었노라고 하였던 것이다. 이런 점과 관련하여 윤재근 교수는, 우리나라 서정시는 소월에 이르기까지 정한의 한계를 뛰어넘지 못하였으나, 만해에 의하여 정서의 차원에만 맴돌지 않고 사유의 무한하고 깊은 세계로 확산되기에 이르렀다는 것이다.

박일규의 시 세계에서 보게 되는 '만남'의 모티프는 만해의 그것과 궤를 같이하는 것이라 하겠다. 한쪽이 불교적 윤회관에 입각해 있고, 다른 한쪽이 기독교적 영생관에 입각해 있다는 다름은 있으나, 다 같이 미래에 대하여 옵티미즘을 견지하고 있다는 점에서는 공통된다. 어떻든 죽음 그 너머의 세계를 밝은 세상으로 파악할 수 있다는 것은 자기구원의 차원과 관련되는 문제라 하겠다.

우리 현대시대의 흐름에서 볼 때, 헤어짐과 만남, 죽음과 새 삶의 역설 위에서 자기구원을 모색한 시인은 만해 이후 박일규가 처음이 아닐까 한다. 그런 점에서 이 시인을 주목하게 된다.

천이두 평론가

하느님의 도움이

동경에서 살 때였는데 한국에서 둘째 딸로부터 연락이 왔다. 어떤 신부님께서 해오시던 〈가톨릭다이제스트〉가 어려움이 있어 윤 서방더러 따로 변호사 수입도 있고 하니 어렵겠지만 한번 맡아서 해주지 않겠냐고 물어왔는데 어떻게 했으면 좋겠냐는 것이었다.

"너희 일도 바쁘고 아들딸 셋 키우기도 쉽지 않은데 어떻게 그 어려운 일을 해내겠느냐. 못 할 것이다"라고 내 의견을 말했었다. 그런 일을 딸 내외가 떠맡은 지 20년 가까이 되었다.

저희들이 녹여서 채운 애간장의 절대량도 있었지만 그보다는 하느님의 도움이 알아볼 수 있게 많았음을 알 수 있다.

그동안 간간이 신혼살림 차릴 때 돌봐주지 못한 것 조금이나마 채워주는 마음으로 수년 동안 〈가톨릭다이제스트〉에 글을 써왔다. 그렇게 써온 글들을 모아보니 책이 된다고 알려주며 이번에는 대학교 갓 졸업한 손녀딸이 재촉하는 인사말을 쓰는 감회는 깊다.

수줍은 마음으로 삼가 엎드려 일독을 빈다.

박일규

요즘처럼 해외여행이 일반화되지 않은 때였지만, 아들이 미국에서
알뜰한 교육을 받도록 하고 싶었다. 최소한 영어로 인사 정도는 해야겠기에
기초 회화책을 끼고 다녔는데 그 회화책 뒤쪽에 하버드대학 비즈니스 스쿨의
안내가 학교 사진과 함께 실려 있었다. 푸른 강물, 다리 건너 평원 한쪽에
그림 같은 그 학교는 서 있었다.

세월이 흘러 이제 그 아들이 40 후반의 나이가 되고
나는 백발 할아버지가 되었다. 아들은 그 꿈같이 아득하기만 했던
대학교, 대학원을 나와 알려진 회사들을 줄줄이 거쳐 제 나름의 보람찬 생을
꾸려간다고 하고 있는 어제 오늘, 또 다른 걱정을 하게 되는 것이다.
나는 참으로 물려줄 것을 잘 물려주었는가?

아들에게 물려주고 싶은 것

아십 대 후반 결혼 초기, 이른바 나의 맹렬사원 시절이었다.
어느 여름날 춘천에 도착하여 한 차례 수금한 돈을 가방에 넣은 채
단골이었던 '동진여관'에 들어갔다. 잠깐 쉬었다가 장사가 끝나는
저녁 나절에 마저 수금할 셈이었다. 땀을 씻고 방에 들어와 돈이 든 가방 위에
발을 얹어 놓은 채 잠깐 쉰다는 게 그만 잠이 들어버렸다.

얼마 뒤 잠이 깬 나는 소스라쳤다. 돈 가방이 없어진 것이다.
십육만 사천팔백 원! 사십 년이 지나서도 내가 이렇게 똑똑히
기억하고 있는 이 금액은 그대로 회사의 가불대장에 올라
월급 때마다 나와 아내를 괴롭혔다.

십육만 사천팔백 원